Inés R. Artola

Formiści:
la síntesis de la modernidad (1917-1922).
Conexiones y protagonistas.

Con la colaboración de:

INSTITUTO POLACO
DE CULTURA
MADRID

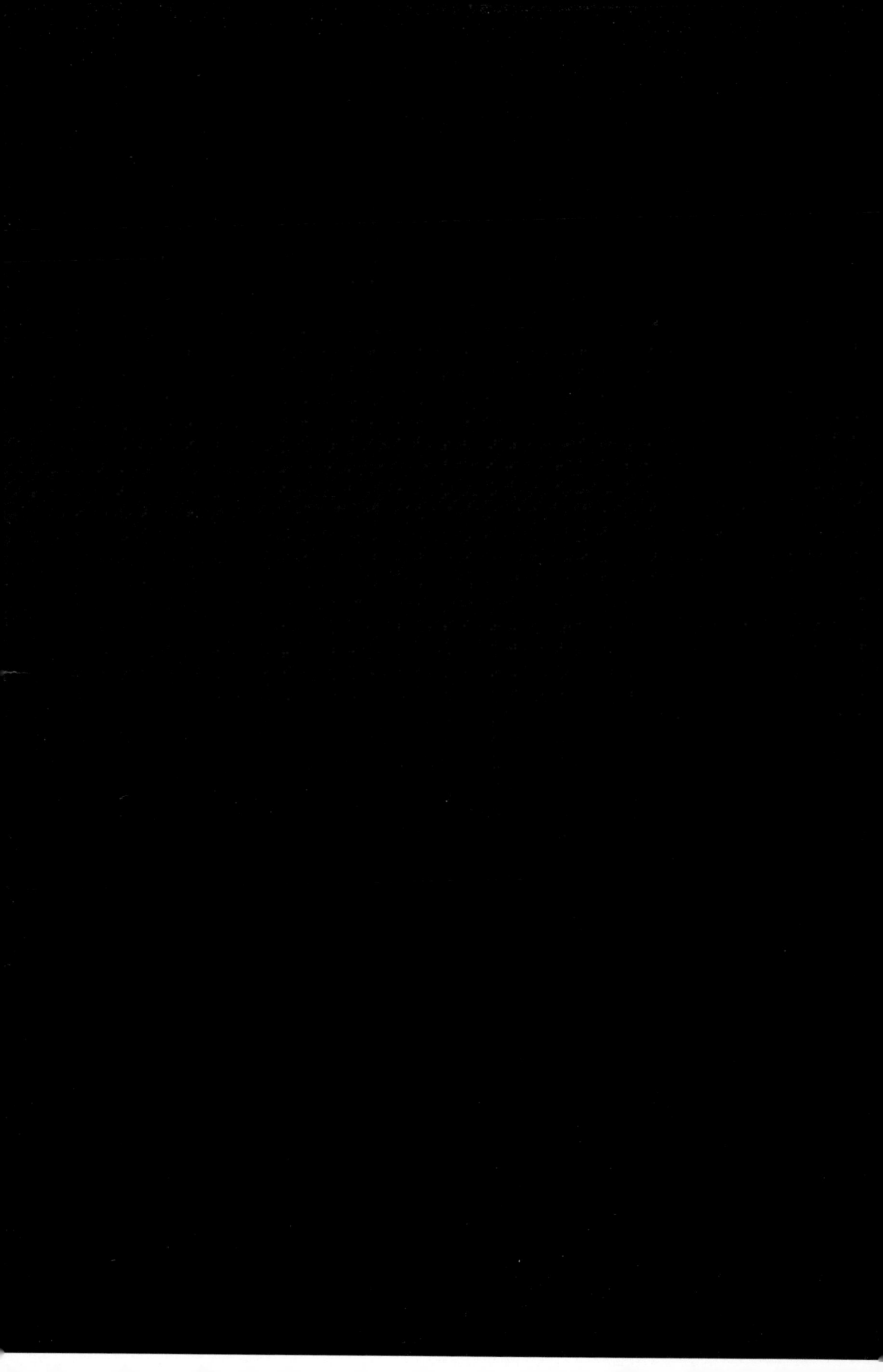

Autora: Inés R. Artola.

Título original: Formiści: la síntesis de la modernidad (1917-1922).
Conexiones y protagonistas.

Edición: Libargo®, Octubre 2015.

ISBN: 978-84-938812-7-6

Impresión: Taravilla. SL

www.libargo.com · info@libargo.com

Con la colaboración de: Instituto Polaco de Cultura

Índice

Nota preliminar

Como el tema de este libro es de origen polaco y va a ser presentado en castellano, antes de comenzar quisiera hacer una serie de matizaciones técnicas. El lector podrá comprobar en las páginas venideras que en este trabajo abundan las traducciones: no es de extrañar, pues la gran mayoría de las fuentes (todas las primarias y gran parte de las secundarias) están escritas en lengua polaca. Sin embargo, es de suponer que quien lea las siguientes páginas no tiene por qué conocer el idioma y el incluir los textos originales –como viene siendo la norma– en el texto principal y las traducciones al pie, hubiese entorpecido la lectura en exceso. Por tanto, las citas intercaladas en los textos son las traducciones al castellano, estando los textos originales en polaco al pie de página. Me permito esta licencia con el fin de dotar de fluidez al discurso y confío en la bondad del lector para aceptar semejante decisión.

Respecto a la denominación de los lugares, las ciudades que poseen traducción al castellano (Cracovia, Varsovia y Lvov) son así mencionadas en el texto principal, pero no así en las referencias bibliográficas, donde se mantiene el nombre original (*Warszawa* por Varsovia, *Kraków* por Cracovia y Lwów por Lvov) el motivo es sencillo: si la referencia bibliográfica es polaca y está en dicho idioma, su cita ha de ser en el mismo en su totalidad, para así preservar cierta coherencia. Respecto a las ciudades que no poseen traducción, son citadas en su nombre original, no creyendo oportuno aventurar transcripciones.

Lo mismo sucede con los nombres de los autores polacos mencionados a lo largo de estas páginas: permanecen, igualmente, con su grafía original. Así que, prepárese el lector para encontrar consonantes como *ż, ź, ś, ń* o *ł*, y vocales como *ę, ó* y *ą*, propias de la lengua polaca y que no han de ser confundidas con consonantes como la *zeta, ese* o la *ele*, y vocales como la *a*, la *o* y la *e* en castellano. Al tratarse, a pesar de estas diferencias gráficas, del alfabeto latino y no ser un caso extremo como el cirílico, resulta lo más prudente no alterar las grafías.

Agradecimientos

El presente trabajo es un fragmento de la tesis doctoral que defendí en mayo de 2013. Un proceso, como todo doctorado, lento y meticuloso, en el que aprendí no solo de arte, sino de idiomas, de relaciones, de cuestiones colaterales e incluso de la vida misma. No es un trabajo perfecto ni definitivo, sino más bien una primera piedra que se habrá que ir limando. Sea como fuere, muchas personas e instituciones quedan en mi recuerdo y los quiero mencionar aquí porque sin ellas esta (mi primera investigación) no hubiese salido a la luz.

Quede aquí mi agradecimiento, por tanto, y en primer lugar, a las instituciones y personal en Polonia que facilitaron y posibilitaron que este trabajo saliera adelante: la Biblioteca Nacional de Varsovia (secciones: revistas anteriores a la guerra, microfilm, catálogo iconográfico, préstamos especiales, sala de lectura de Humanidades –el escenario donde se coció, junto al busto de Iwaszkiewicz mirando indiferente, la gran parte de este trabajo–), la Biblioteca Universitaria de Varsovia (sección de archivos, revistas y microfilm), la Biblioteca del Museo Nacional de Varsovia, al archivo de autores anterior a la guerra del Instituto de Arte (PAN) de Varsovia, a la Biblioteca del Círculo de Historiadores del Arte en Varsovia, a los Museos Nacionales de Poznan y Wroclaw, al Museo de Arte Contemporáneo Zachęta de Varsovia; al Instituto de Historia del arte y al Instituto de Estudios Ibéricos e Iberoamericanos de la Universidad de Varsovia; a los anticuarios Rara Avis de Cracovia y Atticus de Varsovia.

Gracias, muy especialmente, al Museo Nacional de Varsovia, en donde he podido aprender (y continuo haciéndolo) en teoría y práctica, de manos de un personal tan profesional como cálido. Gracias, además, por la cesión de las imágenes para esta publicación, sin las cuales este libro poco sentido tendría. Muy especialmente, al Dr. Piotr Rypson, que tanto me ha enseñado y confío en que continúe haciéndolo.

Gracias igualmente a los profesores que conformaron el tribunal de mi defensa de tesis: una comisión de lujo que me animó y motivó para seguir investigando y exigiéndome. Gracias, muy especialmente, al Dr. Simón Marchán Fiz. También al Dr. Manuel Borja Villel, a la Dra. Nuria Rodríguez Ortega, a la Dra. María Jesús Martínez Silvente y a la Dra. Iwona Luba. A esta última gracias por el apoyo, la ayuda y sobre todo, la amistad. Gracias también a mi tutor de tesis, Eugenio Carmona Mato, por sugerirme el tema y dejarme volar libremente en su búsqueda.

Gracias también a todos los amigos y colegas que me han ayudado y han confiado en mí durante estos años de investigación. Incontables, afortunadamente, irrepetibles y muy queridos todos. En especial, gracias a Andrés Gómez Miranda, por seguir mis pasos de tan cerca y recogerme en cada uno de mis tropezones; a Grzegorz Kozera, por ayudarme a labrar el campo en el que quiero trabajar aquí en Polonia; a Agnieszka Korol y Ewa Mazur, por las traducciones y más aún por, simplemente, estar ahí. Gracias a Pedro Ordóñez Eslava por confiar en mí desde los tiempos de los estudios y apostar por esta publicación y apoyarme en todo momento.

En general, gracias a todos mis amigos, que me han enseñado y me enseñan cosas que no están ni en los libros ni en las salas de exposiciones. A mi familia, y en especial a mis padres, por ser mis primeros profesores; a mi hermana Marta, por ser mi primera amiga.

Y, sobre todo y ante todo: gracias a Lucía, mi hija, porque aún siendo la persona más pequeña que conozco y amo, es la que más me ha enseñado de la vida.

Prefacio

No es posible definir a *Formiści* como un estilo, ni como un movimiento, ni como una corriente. El concepto que mejor se ciñe a su papel es el de *fenómeno*, ya que el alcance y repercusión que logró este grupo de jóvenes artistas resultó ser el punto de partida, la clave, en el despertar de la sensibilidad hacia lo moderno en Polonia. Nacidos y formados en un país inexistente en el mapa, en el centro exacto de la encrucijada donde confluían las tres grandes potencias que dominaban Centro Europa (Alemania, Austro-Hungría y Rusia) se nutrieron y participaron de un entramado cultural singularmente estratégico. Una atmósfera rica y multicultural caracterizó a la Polonia anterior a la guerra y recién independizada, en ella es donde se desarrolló *Formiści*, y desde esa realidad ha de ser interpretado. Que esta riqueza fuera aniquilada en 1945, desplazando al país –geográfica, étnica, cultural y conceptualmente hablando– hacia el Este, no es un hecho que haya de ser tenido aquí en consideración. En definitiva, *Formiści,* por su repercusión, ha de ser denominado como fenómeno, y por su localización, ha de ser calificado como centroeuropeo.

Será en los años anteriores y pertenecientes a la I Guerra Mundial cuando un grupo de estudiantes de la Academia de Bellas Artes en Cracovia, advirtió lo obsoleto y caduco del arte de sus maestros, del arte oficial: el secesionismo de corte impresionista y simbolista. A tenor de lo que ya había sucedido en Alemania y Austria con el expresionismo, e impulsados y afianzados por los viajes que realizaron al extranjero, constataron que el arte había de seguir nuevos caminos. La necesidad de cambio era inminente: "Sólo hacía falta una chispa, y esa chispa saltó. Era imposible no sentir esos problemas que flotaban en el ambiente" (Z. Pronaszko[1]). Y, aunque en la obra –plástica y teórica– de muchos de ellos anterior a la fundación del grupo se adviertan dejes de experimentación formal, tal y como dice el refrán polaco "una golondrina no inicia la primavera", y como matizó Z. Pronaszko: "ni un solo soldado comienza la guerra", motivo por el cual decidieron reunirse, inaugurando en noviembre de 1917 en Cracovia su primera exposición. Se autoproclamaron por aquel entonces como "Expresionistas Polacos", con el objetivo de aglutinar a todos aquellos artistas que buscaban nuevos caminos en el arte.

Coincidiendo con la independencia del país en 1918, deciden adoptar la denominación *Formiści,* con la que pasarán a la historia; querían deslindarse de las ideologías politizantes y contenidistas del expresionismo, al tiempo que subrayaban el centro de su atención: el protagonismo de la forma. Un catálogo iconográfico, el que legó el formismo, plagado de temáticas tradicionales con el claro pretexto de la experimentación formal, manifiesta claramente esta prioridad estética.

Formiści creció, fue ganando adeptos. Las salas de exposición de las ciudades más destacadas del país (Cracovia, Varsovia, Lvov, Poznań) se inundaron con sus obras: las críticas, comentarios y publicaciones corrieron como la pólvora en un brevísimo lapso de tiempo. Al no haber un estilo conductor, se sumaron a la causa formista autores de lenguajes personales muy heterogéneos, y, aunque el núcleo principal sume un total de nueve artistas, el número de colaboradores se multiplicó en varias decenas. Y es que, bien puede afirmarse, todo artista polaco con inquietud de ruptura formó parte o colaboró con *Formiści* en alguna ocasión. En 1919 ya contaban con revista propia, la tribuna donde volcaron sus ideas, reprodujeron sus obras así como las de artistas

---

[1] PRONASZKO, Z., "Jak to było właściwie?...", *Głos Plastyków* nr 8 – 12, Kraków 1938 (p. 31).

extranjeros, acompañadas de poesías, críticas y debates sobre arte y poesía. Su director, Konrad Winkler, fue el primer cronista del grupo, publicando dos monográficos sobre *Formiści* en 1921 y 1927 respectivamente. Fue así cómo *Formiści* comenzó a sonar familiar en todo el país, hasta el punto de volverse un sello de identidad propio: el portador del estandarte de la modernidad en Polonia.

El efecto catalizador que procuró *Formiści* le llevó, por su propia naturaleza, a tender lazos de conexión, verdaderas redes, con agrupaciones de objetivos similares dentro y fuera del país, destacando especialmente las exposiciones conjuntas con los expresionistas *Bunt*, de Poznań –cercanos colaboradores a su vez con *Die Aktion*–, o la participación en veladas y lecturas poéticas con los círculos futuristas de Cracovia y Varsovia, cuyos miembros mantuvieron contacto directo con los círculos futuristas rusos. Asimismo, en los catálogos de las exposiciones se encuentran apellidos de la *École de Paris*, los miembros de origen polaco afincados en la capital francesa más comprometidos con los nuevos lenguajes. Sus ecos, incluso, llegaron a España, en donde se supo *Formiści* a través de la revista *Ultra*, presumiblemente por la colaboración de varios artistas polacos en sus filas.

A la producción plástica de *Formiści* se suma un destacado legado teórico, que no solo legitimó su existencia sino que llegó a trascenderlo, formando parte hoy día de una de las aportaciones más sobresalientes en la historia del pensamiento artístico y estético europeo. De notable interés son las proféticas ideas sobre la forma de Z. Pronaszko[1] así como los sistemas filosóficos de Leon Chwistek[2] y su teoría sobre la "mul-

---

[1] PRONASZKO, Z., "O ekspresjonizmie", *Maski, z. 1, 1 Stycznia 1918*, (p. 15 -18) y "Przed wielkim jutrem", *Rydwan*, nr. 1, Styczeń – Luty 1914, (p. 125-129).

[2] CHWISTEK, L., "Wielość rzeczywistości", *Maski*, r. I, nr. 1 (p. 16 - 18), nr. 2 (p. 36-39), nr. 3 (p. 59 - 60) y nr. 4 (p. 76 - 80), Kraków, 1918.

tiplicidad de las realidades" y de Stanisław Ignacy Witkiewicz[1] con sus planteamientos sobre la "nueva forma", idearios que entroncan directamente con el formalismo vienés y ruso respectivamente, planteando nuevas y originales vías en el debate en torno a la forma.

…

En este libro, nos proponemos presentar dos aspectos fundamentales para el acercamiento y comprensión del fenómeno formista. En el bloque uno, analizamos las relaciones con los movimientos modernos del momento: expresionismo, arte ruso, futurismo, cubismo y ultraísmo. La intención aquí es doble naturaleza: se trata de observar los lazos (reales, fingidos o ficticios) del grupo polaco con estas corrientes de la modernidad, al tiempo que se cuestiona su asimilación, denominación y aplicación. El campo, lo sabemos, es escabroso y puede ser sometido a debate, pero ese es el objetivo y, por tanto, asumimos el riesgo. En segundo lugar, analizamos los aspectos biográficos y artísticos de las figuras que, consideramos, fueron los miembros más relevantes del grupo formista polaco. Dado que, como se ha dicho, el grupo estuvo conformado por muy diversos autores de estilos heterogéneos, acercarse a las individualidades, siquiera las más relevantes, permite un primer acercamiento a este fenómeno que supuso la entrada de la modernidad en Polonia. No se trata, ponemos sobre aviso, de biografías: aquí se presentan únicamente, los momentos en las trayectorias vitales de estos artistas anteriores y pertenecientes al momento en que *Formiści* existió. Sus carreras posteriores son tan solo esbozadas, pues sobrepasan los límites cronológicos y de interés que aquí hemos marcado.

Por supuesto, los aspectos o frentes que pueden abrirse para el análisis de *Formiści* son infinitos y cada uno de ellos lleva a ramificaciones diversas. Sirvan estos dos (que, subrayamos: dejamos conscientemente abiertos) de un primer acercamiento al lector español a

---

[1] WITKIEWICZ, S.I., *Nowe forme w malarstwie i inne pisma estetyczne*, Państwowe Wydawnictwo Naukowe, Warszawa, 1959.

un acontecimiento sin el cual no podría comprenderse el devenir del arte polaco del s. XX.

Confiamos en que estas páginas aclaren algunos de sus aspectos o, como mínimo, les inviten a reflexionar y a descubrir una cara más del complejo puzzle que conforma el nacimiento de la modernidad en Europa.

I

Conexiones

Hablar de *Formiści* significa hablar de una síntesis de la modernidad. Los autores que lo conformaron eran plenamente conscientes de la situación que se daba en el arte ya en toda Europa y quisieron, en consecuencia (y con conocimiento de causa) acometer una empresa similar en su país, Polonia.

Sin embargo, esta síntesis no justifica el que definamos al formismo de modo reduccionista como una mezcla de expresionismo, cubismo y futurismo, tal y como puede leerse en demasiadas fuentes que a él se refieren. Es necesario detenerse y analizar en profundidad semejante definición y hacerlo desde dos perspectivas o cuestiones: ¿es posible casar todos estos estilos?, ¿acaso se puede definir de modo inamovible cada uno de ellos? La respuesta, en ambos casos, es negativa, por mucho que a veces la historiografía pretenda una catalogación en comprartimentos estancos, cerrados e indiscutibles. Esto, sin embargo, no quiere decir que no reflexionemos en torno al tema y a tal intención va dedicado, precisamente (y porque nos parece una necesidad casi apremiante) este primer bloque.

El punto de referencia que aquí vamos a tomar es, más bien, el de los propios formistas, esto es: ¿qué entendieron ellos por cada uno de estos estilos? Luego observaremos y sopesaremos a qué grado de asimilación e identificación –de un modo consciente o no– llegaron nuestros protagonistas con tales corrientes.

En este capítulo, por tanto, veremos las conexiones e interpretaciones en el seno del formismo dentro de este marco de la modernidad europea, analizando influencias y referencias reales o coincidentes. Y es que, si bien no se puede afirmar nada taxativamente, sí nos podemos plantear una reflexión en torno a cada una de estas conexiones: no es que el formismo quisiera emular estas corrientes, sino que participó de ellas, sumándose al fenómeno que abarcó toda Europa y que entendemos por modernidad. Llegó la hora de disolver las fronteras y comprender que hay que sumergirse en un mar más amplio.

1

Expresionismo

Formiści, en cierto modo, participó de los preceptos del primer expresionismo (el anterior a la guerra), lo que no ha de extrañar si se tiene en cuenta que su origen geográfico es el mismo: Centro Europa. Es, por tanto, la corriente que más se le aproxima y con la que podría identificarse mejor en un principio, máxime si cotejamos, en primer lugar, la posibilidad de considerar las corrientes artísticas como estados de la sensibilidad específicos de determinadas zonas geográficas –ojo, no nos referimos a países sino a zonas– y, en segundo lugar, atendemos a la noción laxa que se tuvo del expresionismo y su definición en el momento de su nacimiento, así como en el momento en que nació nuestro grupo de artistas. Debido a ello, los propios formistas comenzaron bajo la denominación "expresionistas polacos".

El objetivo de su unión, al igual que los expresionistas alemanes y austriacos, era el de desbancar a la Secesión de ecos impresionistas, con toques –muy marcados, en el caso de Polonia– de nacionalismo que dominaba la escena artística de toda la región. La alternativa propuesta por los expresionistas consistía en soluciones heterogéneas y diversas, con el objetivo de lograr una efectiva lucha contra el arte oficial. Una lucha a la que se sumaron firmemente nuestros artistas:

"Vemos, pues, que son múltiples los núcleos, las influencias y las soluciones que configuran el mosaico del expresionismo centroeuropeo; pero en todos los casos puede hablarse de una idea de combate frente a las maneras establecidas por el arte oficial y el deseo de llegar a una realidad distinta –menos cortical– que la reflejada en los lienzos impresionistas".[1]

Otro rasgo compartido entre todos estos grupos –siempre incluyendo a *Formiści,* pues igualmente de él formaron parte– será la recuperación de otros pasados. Entre ellos, el medieval ejerció singular atracción por varios motivos: la vuelta a lo gremial, a la agrupación de artistas, rasgo común en estos primeros grupos que protagonizaron el nacimiento de lo moderno; igualmente, y extraído de la anterior afirmación, la recuperación y proliferación de técnicas como el grabado en madera, cuya factura y posibilidades expresivas se adaptaban a las necesidades de los artistas (prueba de ello serán los magníficos grabados de los expresionistas de Poznań –*Bunt*–, a quienes veremos a continuación). Recursos técnicos que serán compartidos, además, en toda la región austro-húngara, que no se reducen a la región "tradicionalmente" catalogada como expresionista (la vienesa, junto a la alemana) sino que dio igualmente frutos reveladores en regiones como las actuales Polonia y Hungría.[2]

Esta recuperación de pasados –sí, en plural– que efectuó el expresionismo, abarcó regiones y tiempos muy remotos: los artistas, por un lado querían desbancar al pasado inmediatamente anterior –dando los últimos coletazos en su propio presente– y por otro, retornaban a tiempos

---

[1] ARACIL, A. y RODRÍGUEZ, D., *El S.XX: Entre la muerte del arte y el arte moderno*, Istmo, Madrid, 1983 (p.91).

[2] Catálogo *Dialog czarno na białym. Grafika Polska i Węgierska 1918-1939*. Muzeum Narodowe w Warszawie/ Magyar Nemzeti Galeria w Budapeszcie. Warszawa-Budapeszt, 2009.

y regiones lejanas, en una suerte de búsqueda de lo originario. D. Burliuk en su escrito "Los salvajes de Rusia" recogido en *Der Blaue Reiter*, afirma:

"No es más que una tradición reemprendida, cuyo origen vemos en las obras del arte bárbaro: de los egipcios, asirios, etc. Esta reencontrada tradición es la espada que partió las cadenas del legado convencional de la Academia y liberó al arte, de modo que este podía emprender en el colorido y en el dibujo (forma)".[1]

Otro elemento que no podemos dejar pasar por alto es la tendencia a interpretar el expresionismo como un movimiento exclusivamente alemán, cuestión que requiere necesarias matizaciones. No se puede negar, obviamente, que los dos primeros grupos surgidos bajo denominaciones expresionistas (*El Puente* y *El jinete Azul*) nacieron en ciudades alemanas antes de la I Guerra Mundial. Sin embargo, vemos que en sus filas había artistas extranjeros (algunos llegados de Rusia, como Kandinsky, Jawlensky o Burliuk). Es más, el mapa europeo, como ya hemos insistido, tenía otra conformación y el imperio alemán se extendía más allá de las fronteras actuales, ocupando parte del territorio polaco −el del oeste−, y, concretamente, ciudades como Wrocław o Poznań. Y, por otro lado, la región austro−húngara: Viena será también escenario para el nacimiento del expresionismo, y bajo su dominio, recordemos, se encontraban ciudades como Cracovia y Lvov, la primera de ellas, cuna del formismo. Por tanto, más que hablar de origen alemán, tendría que decirse de "lengua alemana", pues todos estos centros, por naturaleza o imposición, compartieron este idioma. Veamos, bajo este

---

[1] KANDINSKY, W., MARC, F., *Der Balue Reiter (El jinete azul)*, (primera edición en 1912), Paidós Estética, Barcelona, 1989. (Traducción al castellano de Ricardo Burgaleta), (p. 57).

prisma, el filtrado que tuvo la noción de expresionismo en la recién proclamada independiente Polonia. Los contactos son más estrechos de lo que podría imaginarse, es más, se funden y complementan.

Hermann Bahr en Polonia

En julio de 1918, en dos entregas, aparecen las reseñas realizadas por Karol Irzykowski sobre el libro de Hermann Bahr *Expresionismo*.[1] La revista que sacó a la luz sendos escritos es *Maski*,[2] tribuna del grupo formista durante 1918, antes de que se fundara la revista *Formiści*. No es fortuito, desde luego, ni el contenido del artículo, ni la revista en donde se publicó. Casi podríamos llegar a afirmar que la modernidad en la recién independizada Polonia se entendía bajo el amplio concepto de "expresionismo" –prueba de ello es la propia denominación de nuestro grupo de artistas al principio como expresionistas–.

En el artículo de Irzykowski encontramos una ingeniosa presentación de Bahr, en la que reconoce una naturaleza dinámica, una continua búsqueda para adaptación a los tiempos, convirtiéndole en pionero de muchos movimientos y en irremediable personaje polémico. Sobre su libro Irzykowski señala:

> "Su libro sobre el expresionismo es interesante, no solo
> porque el expresionismo está ahora de moda y porque todo
> lo que Bahr escribe es interesante, sino porque es la obra de

---

[1] La edición que he manejado es la traducida al castellano: BAHR, H., *El expresionismo*, (primera publicación en 1916), ed. Arquitectura, Murcia, 1998, (traducción al castellano por Teresa Rocha Barco).

[2] Fundada en enero de 1918, la revista *Maski* se especializará fundamentalmente en la literatura, el arte y la sátira. En 1919 cambió de redactor y se tornó de un carácter más literario y al año siguiente se convirtió en el órgano teórico del grupo *Zreszenia Literatów Polskich* [Información obtenida de: JAKIMOWICZ, A.,"Maski", en WOJCIECHOWSKI, A. (Pod. Red.), *Polskiej Życie Artystyczny w latach 1915-1939*, Instytut Polskiej Akademii Nauk, Wrocław, Warszawa, Kraków, Gdańks, 1974 (p. 637 – 638)].

un hombre perteneciente a una época pasada que anhela conocer y comprender los asuntos de una nueva generación".[1]

Efectivamente, cuando atendemos al libro de Bahr (escrito en 1914 y publicado por primera vez en 1916), nada más comenzar, el autor señala:

"Quiero permanecer joven, al menos en el sentido de seguir sin poder creer que el mundo deba pararse de pronto... el que la historia pretenda ir más allá, pasando por encima de uno, se suele considerar una desfachatez... Soy incapaz de pensar que mi generación sea la última de la humanidad".[2]

Lo más curioso de esto, señala Irzykowski, es que el propio Bahr fuera, poco tiempo antes, defensor del impresionismo, estilo frente al que se declara manifiestamente en contra. Una lucha de generaciones que se observa nada más comenzar el escrito de Bahr, reflejado en un claro escepticismo hacia los movimientos modernos, cuyos nombres resultan tan accidentales que decide englobarlos bajo el título "expresionismo" a todos ellos:

"La nueva pintura está conformada por muchas pequeñas sectas que se miran entre sí con malos ojos. Común a todos ellos, es que le vuelven la espalda al impresionismo, que incluso se enfrentan a él. Por eso yo los llamo a todos expresionistas, aunque este es tan solo el nombre de una de las sectas y todas las demás protestarán".[3]

---

[1] [Traducción de la autora] En: IRZYKOWSKI, K., "Bahr, o ekspresjonizmie", *Maski*, z. 19, 1 Lipca 1918 (p. 378).

[2] BAHR, H., *El expresionismo...Op. Cit.* (p. 43-44).

[3] BAHR, H., *El expresionismo... Op. Cit.* (p. 59).

Sin embargo, y obviando la ironía, resulta esclarecedor que Bahr los ponga a todos bajo el título "expresionista", observación significativa que manifiesta la complejidad que el término encierra así como la amplitud que abarca: como ya apuntamos, en Polonia también el término expresionista se empleará como sinónimo de arte nuevo, de modernidad.

En este primer artículo, Irzykowski se refiere a la noción de "visión interior", concepto clave para comprender el expresionismo. Según Bahr:

> "Los expresionistas pintan de esta forma, solo lo que ven,
> pero su visión es otra: es la visión interior".[1]

Visión de calado goethiano, que se manifiesta en diversas épocas de la historia –de nuevo una conexión de los tiempos–, y que será reformulada por Kandinsky en su tratado D*e lo espiritual en el arte*. Bahr, por su parte, la entiende como dos modos de ver el mundo, y por tanto, el arte, la visión del mundo exterior sería la impresionista y la interior, la expresionista:

> "Un hombre se diferencia de otro en su ver espiritual… en
> la historia del arte hay épocas en las que prevalece el ojo
> del espíritu y otras el del cuerpo".[2]

A este respecto, advierte Irzykowski que esta visión interior es aún difícil de asimilar debido a la tradición visual que arrastra el hombre occidental desde la Antigua Grecia, allá donde dejó de temer a la naturaleza y encontró en ella la tranquilidad; de suerte que, el impresionista es el último hombre clásico. Porque, y así termina su primer artículo Irzykowski, la época del expresionismo vuelve a

---

[1] [Traducción de la autora] En: IRZYKOWSKI, K., "Bahr, o ekspresjonizmie", *Maski*, z. 19…*Op. Cit.* (p.379).

[2] BAHR, H., *El expresionismo…Op. Cit.* (p. 88).

desconfiar del mundo, de la naturaleza, girándose y buscando respuesta en el mundo interior:

> "Han vuelto de nuevo los tiempos de desconfianza hacia la naturaleza, hacia el mundo exterior, convirtiéndose otra vez en los peores enemigos del hombre (¡¡La guerra!!). La declaración de estos temores y desconfianzas es, precisamente, el expresionismo".[1]

Resulta interesante, pues, este cambio decisivo y radical de visión que protagoniza el hombre expresionista. La guerra provocó un derrumbamiento tal que cayeron devastados todos los modelos perpetrados desde la Antigua Grecia. Un abrumador cambio de cosmovisión que transformó al hombre desde sus orígenes culturales más lejanos. ¿Cabe imaginarse, a día de hoy, algo así? Pueden parecer exageraciones, pero lo cierto es que los expresionistas, los formistas y todos los artistas europeos vivieron en carne propia y siendo muy jóvenes la I Guerra Mundial. La crisis de valores estaba servida. El nuevo arte (llamémoslo expresionismo, cubismo, futurismo, moderno, o como se quiera) era el reflejo de este golpe. Un momento que, por mucho que queramos estudiar y analizar, resulta difícil de concebir en toda su magnitud.

Volviendo a Irzykowski, en su segundo artículo se centra en las analogías entre pintura y música que Bahr establece en su libro. Es el arte del sonido uno de los privilegiados dada su naturaleza casi abstracta, posicionándolo como arte ideal de la expresión interior. Teorías que aproximan el hecho musical y pictórico, señaladas ya por Kandinsky en su tratado *De lo espiritual en el arte* y, que a su vez, fueron retomadas por autores formistas. No olvidemos que Z. Pronaszko, en su artículo

---

[1] [Traducción de la autora] En: IRZYKOWSKI, K., "Bahr, o ekspresjonizmie", *Maski*, z. 19…*Op. Cit.* (p.379).

"Sobre el expresionismo"[1] afirma algo similar a lo que Bahr, ya que – dice Pronaszko– al igual que no se le pregunta al compositor tras escuchar su obra dónde escuchó éso, tampoco se le puede exigir al pintor que diga dónde ha visto eso antes: en ambos casos, se trata de visiones y escuchas interiores. El modelo del mundo real ha sido por completo desterrado.

Las teorías de Bahr y el modo de fundamentarlas, hacen que Irzykowski lo asocie a los escritos del poeta Przybyszewski en la revista *Zdrój*. Una comparativa más que aguda y pertinente si tenemos en cuenta que Przybyszewski[2] es considerado el padre espiritual de esta revista, que era el órgano de expresión a raíz del cual nació el grupo expresionista *Bunt*, de Poznań, con quienes los formistas estrecharán importantes lazos. Interesante resulta que Przybyszewski, al igual que Bahr (y de ahí posiblemente la relación que Irzykowski establece entre ambos autores), fue igualmente defensor en una época inmediatamente anterior del grupo *Sztuka* (la versión "secesionista" procedente de Cracovia) formada por los profesores de los futuros formistas y en contra de cuyo arte estos se rebelaron. He aquí dos ejemplos de teóricos (uno vienés, otro polaco) que, perteneciendo a una generación anterior, tratan de –e incluso habría que decir que se esfuerzan por– comprender a una nueva generación, la expresionista, siendo conscientes que representan el futuro del arte.

Los artículos de Irzykowski que venimos reseñando, además, aparecen acompañados de las ilustraciones de Daumier, Andrzej Pronaszko, Zbigniew Pronaszko y Leon Chwistek, lo que demuestra una cohesión entre artistas de diferentes orígenes pero similares bases ideológicas e identifican de un modo gráfico y directo el expresionismo con las obras de nuestros autores.

---

[1] PRONASZKO, Z., "O ekspresjonizmie", *Maski*, z. 1, 1 stycznia 1918, (p. 15 -18).

[2] Al tempo que "padre espiritual" de *Zdrój*, Przybyszewski fue anteriormente, no solo colaborador, sino una pieza fundamental en la revista *Życie*, órgano del grupo *Sztuka*, al que curiosamente pertenecieron los maestros de los formistas.

En conclusión, el expresionismo no entendía tanto de fronteras como se la ha tratado de delimitar posteriormente y fue un concepto bajo cuya definición se abarcan nuevos modos de comprender el mundo y el arte hacia la modernidad. Esta interpretación amplia –la de su propia época– es la que hemos de tener en cuenta a la hora de acercarnos al fenómeno formista. Demos ahora un paso más adelante y veamos la colaboración de los formistas con el grupo Bunt, de raíz aún más pura y directamente expresionista.

La colaboración entre Bunt y Ekspresioniści Polscy

La colaboración del grupo expresionista de Poznań *Bunt* ("Rebelión") y los futuros *Formiści* resulta esencial para comprender los fundamentos de nuestro grupo y el concepto de expresionismo que manejaron. No se trató de una colaboración accidental, sino de un trabajo y mutuo apoyo que logró una mayor cohesión entre los grupos artísticos de vanguardia en la Polonia inmediatamente posterior a la I Guerra Mundial. La historia de *Bunt* y *Formiści* tiene, además, sorprendentes similitudes cronológicas e ideológicas, aunque terminasen difiriendo en credos. De hecho, muy posiblemente, este acercamiento entre el grupo cracoviano y el de Poznań –representantes en suelo polaco de un expresionismo muy cercano al alemán– será lo que haría a nuestros artistas comprender que el expresionismo finalmente no se adecuaba a sus objetivos, lo que provocó que cambiaran de nombre en menos de un año y empezaran a delimitarse sus intenciones.

Antes de comenzar, resulta necesario subrayar que, debido a las conexiones entre los expresionistas de Poznań y los alemanes, el grupo *Bunt* ha sido poco investigado en Polonia, ya que el expresionismo alemán no era un tema acogido con facilidad en tierras polacas. El profesor Jerzy Malinowski es el primero en aportar un estudio sobre *Bunt*, tratando sin tapujos las evidentes relaciones políticas de los grupos polaco, alemán y ruso, y una vez superados los reparos historiográficos que pudieran darse en épocas precedentes. Gracias a su magnífico estudio[1] podemos identificar las características e historia de *Bunt* así como averiguar su relación con los formistas.

Destaca Malinowski cómo en Polonia la historiografía se había centrado, ante todo, en aspectos de análisis formal y en relación, ante todo con la escuela parisina, dejando a un lado la influencia expresionista debido a su origen, incompatible –políticamente– con el momento de su estudio:

> "En Polonia, donde la crítica y la Historia del Arte se habían basado ante todo en el análisis formal y sus aspectos, estaba dominada por las convenciones estéticas de la *École de Paris*, el expresionismo, que había sido relacionado con el arte alemán y conocido por su aportación general al s. XX, era valorado de forma negativa".[2]

Cuestión que nos hace plantearnos cómo conocemos la historia: no son más que fragmentos, creemos ver realidades completas. Sin embargo, en muchas ocasiones, y por causas completamente ajenas a los acontecimientos artísticos, se enmascaran o directamente se eluden. La revisión de estos materiales supone una necesidad de primer orden si se trata de adivinar, siquiera, el verdadero escenario en que se desarrollaron. De este modo, el arte ha de pasar dos pruebas para que de él se hable: su propio papel en el momento de su creación y la visión historiográfica posterior, también condicionada, en absoluto neutra.

El grupo de artistas plásticos *Bunt* nació a raíz de la colaboración de dos autores y la fundación de una revista que, en principio, tenía más carácter literario que artístico. La revista se llamaba *Zdrój* y publicó su

---

[1] MALINOWSKI, J., Sztuka i nowa wspólnota. Zrzeszenie artystów Bunt, 1917-1922 Wiedza o kulturze, Wrocław, 1991.

[2] [Traducción de la autora] En: MALINOWSKI, J., *Sztuka i nowa wspólnota…Op. Cit.* (p. 7).

primer número el 1 de octubre de 1917. Sus fundadores fueron el artista Jerzy Hulewicz y el poeta Przybyszewski. Hulewicz había estudiado Bellas Artes en Cracovia con Mehoffer y Unierzyski, coincidiendo en sus aulas con Czyżewski, Makowski y Witkowski, por lo que miembros de los futuros grupos *Bunt* y *Formiści* ya se conocían desde su época de estudiantes. Przybyszewski, como ya hemos señalado antes, era un poeta que provenía de círculos literarios un tanto más conservadores, procedentes de la tradición de la corriente conocida como *Młoda Polska* ("La Joven Polonia") cuyos preceptos de misticismo y espiritualidad *cuasi* religiosa entroncaban con la tradición decimonónica y el simbolismo con ciertos dejes románticos. Este hecho no debe sorprender, ya que si algo tiene de particular este expresionismo polaco de Poznań, es precisamente su ideario espiritualista y romántico procedente de autores como Słowacki[1]. Lo que Bahr fue para el expresionismo alemán, Przybyszewski lo fue para el polaco, como bien apuntó Irzykowski en el escrito que acabamos de analizar.

El resto de los artistas que formarán parte del grupo *Bunt* se conocerán en territorio alemán. En concreto, dos ciudades serán escenarios principales: Berlín, en donde se encontrará en matrimonio Kubicki con August Zamoyski (que tras su paso por *Bunt,* decidirá unirse al formismo); y Munich, donde se conocerán Szmaj y Hulewicz, que entablarán contacto con Przybyszewski, el cual frecuentaba el círculo de artistas al que pertenecía Rita Sachetto (futura esposa de Zamoyski y cifradora del "baile formista"). Como vemos, las ciudades cuna del nacimiento del expresionismo alemán y sus dos agrupaciones más conocidas y trascendentales: *El jinete azul* y *El puente.*

---

[1] GŁUCHOWSKA, L., "Margaret a Stanisław Kubicy a początki grupy Bunt", en: *Ekspresjonizm Poznański 1917 – 1925, BUNT*, Muzeum Narodowe w Poznaniu, listopad- styczień 2003-2004 (p. 46-64).

La atmósfera artística que dominaba en Poznań, al igual que en Cracovia, era la de un arte oficial impuesto basado en el realismo decimonónico con tintes secesionistas, de corte altamente conservador:

> "El tipo de arte que se hizo popular en los círculos más amplios de la sociedad de Poznań era el del estilo del realismo decimonónico, con tintes del interior del Impresionismo… y de la Secesión".[1]

Cabe recordar, no obstante, que la ciudad de Poznan quedó bajo el dominio del imperio alemán durante los largos años de la ocupación, lo que le dio matices diferentes a las ciudades de Cracovia o Lvov, que se desenvolvieron en una atmósfera artística más proclive y flexible hacia la tradición polaca bajo la dominación austro-húngara. En todo caso, el hecho de que los autores de *Bunt* estuvieran en contacto directo con el expresionismo alemán, es una realidad que cae por su propio peso, si se atiende a las coordenadas geográficas y temporales.

Volviendo a la historia de Bunt, recordemos que su origen fue a través de la revista Zdrój, que comenzó a publicarse en octubre de 1917. Según nos informa Malinowski[2], no será hasta el número 6 de Zdrój cuando se anunciará oficialmente la existencia del grupo plástico Bunt, que en abril de 1918 organizará su primera exposición. Las relaciones con los futuros formistas (en ese momento conocidos como los "Expre-sionistas Polacos") datan de unos meses anteriores: ya en el número 3 de Zdrój se anuncia que han recibido ejemplares de la revista Maski, lo que significa que el círculo artístico de Poznań conocía ya las teorías de las "múltiples realidades" de Chwistek, las del expresionismo de Zbigniew Pronaszko, así como la obra

---

[1] [Traducción de la autora] En: MALINOWSKI, J., *Sztuka i nowa wspólnota…Op. Cit.,* (p. 16).

[2] MALINOWSKI, J., Sztuka i nowa wspólnota...Op. Cit. (p.23).

a través de reproducciones de artistas cracovianos como los ya mencionados e igualmente la de Tytus Czyżewski.

Surgieron pues, y casi al mismo tiempo, dos grupos de origen polaco que se autoproclamaron expresionistas, entre los cuales pueden establecerse relaciones de diferentes naturalezas. Una de las primeras, destacable y significativa, es la temática empleada en sus obras: tanto unos como otros hacen uso de temas "tradicionales" en la historia de la pintura, esto es, de alusiones neutras que permitieran una libre experimentación formal. Así, predominan los retratos, paisajes y las escenas mitológicas y religiosas. Un punto de divergencia lo establecen los temas que presentan estados interiores y las escenas de connotaciones eróticas, muy presentes en los expresionistas de Poznań e inexistentes en la producción plástica de los expresionistas cracovianos. Es en este punto, donde se puede adivinar las diferencias entre un expresionismo oriental y otro occidental, tal y como advirtió ya T. Gryglewicz[1], representando los primeros una vertiente más formalista (en la que hemos de considerar a nuestros artistas) y la más espiritualista de los occidentales (en la que encajan los expresionistas Bunt).

Siguiendo con los contactos establecidos entre ambos grupos, vemos que la segunda exposición de los "Expresionistas Polacos" en la ciudad de Cracovia celebrada en junio de 1918 ya cuenta con la participación de los miembros de *Bunt*. Al mismo tiempo, *Bunt* colaboraba en otra exposición en los salones berlineses de *Die Aktion*, lo que hizo que las obras tuvieran que repartirse entre ambos eventos y demuestra cuán cercanos estaban los escenarios expresionistas entre sí.

Los contactos entre ambos grupos siguieron en aumento. Así, en junio de 1918 aparecen en la revista *Zdrój* los primeros dibujos de los

---

[1] GRYGLEWICZ, A., "Malarstwo środkowoeuropejskie około 1910 r.", en: VVAA, *Przed wielkim jutrem. Sztuka 1905-1918,* Wydawnictwo Naukowe Muzeum Narodowe w Warszawie, Warszawa, 1990 (p. 217).

autores formistas[1] y la exposición de Zamoyski junto a Witkacy y Niesiołowski en 1919 hace que este último (escultor formado en Berlín y perteneciente a *Bunt*) se acerque cada vez más a los círculos formistas. De hecho, Zamoyski tomó la decisión de unirse al formismo polaco finalmente, cuestión muy a tener en cuenta: gracias a él, se estableció un puente directo con las corrientes venidas de Alemania, y al tiempo, gracias a *Formiści*, el autor pudo desarrollar un estilo más experimental y libre.

La siguiente exposición conjunta entre Bunt y *Formiści* (nuestros autores ya habían cambiado su denominación) será en Poznań en diciembre de 1919. Aunque ambos grupos comenzaban a deslindarse ideológicamente –el cambio de nombre en el caso del grupo que estudiamos es significativo de esto– continuaron colaborando. Tal y como afirma G.Halasa, para comprender la ideología de base de *Bunt* es necesario aproximarse, ante todo, a los credos cifrados por los expresionistas alemanes, con quienes mantuvieron lazos estéticos e ideológicos ciertamente estrechos[2]. Por su parte, *Formiści*, comenzaba a perfilar su estética hacia un mayor formalismo despojado de connotaciones espirituales, políticas y contenidistas.

Las obras hablan por sí solas: si atendemos a la producción gráfica de *Bunt* y a la expresionista alemana, encontramos similitudes estilísticas

---

[1] ARACIL, A., RODRIGUEZ, D., *El s. XX... Op. Cit.* (p.26).

[2] Grażyna Halasa en la introducción al catálogo de la exposición *Ekspresjonizm Poznanski 1917 – 1925 BUNT* afirma que para entender al grupo Bunt hay que hacer una relectura de los grupos *Die brücke, Der balue reiter* y *Die Aktion* (Véase: HALASA, G., "Zamiast wprowadzenia" en: *Ekspresjonizm Poznanski 1917 – 1925, BUNT*, Muzeum Narodowe w Poznaniu, listopad- styczeń 2003-2004, -p.9- 23-). En este sentido, queremos destacar también que las similitudes y colaboración del grupo *Bunt* con estos grupos alemanes demuestran que la agrupación polaca tuvo más que ver con el expresionismo anterior a la guerra que con el posterior, aunque cronológicamente corresponda con el segundo. Es más, estas similitudes son también de orden técnico, pues el grabado en madera, tan cultivada por los autores del grupo alemán (cuyo origen se remonta a la técnica medieval que los mismos tratan de recuperar) será un recurso igualmente empleado por los artistas de Poznań.

que saltan a primera vista: los grabados de Schmidt– Rottluf o Pechstein van en la misma línea que los de Hulewicz. Las referencias temáticas, técnicas y compositivas beben de una misma fuente, tanto en los expresionistas alemanes como en los de Poznań. Correspondencias que llegan a calar igualmente en los futuros formistas ¿o acaso la paleta de color de Margaret Kubicka no recuerda a los campos de color chwistianos, o *El vengador* de Barlach al monumento a Mickiewicz de Z. Pronaszko? Y si hay un formista que emplee lo grotesco de forma explícita y emplee la deformación expresiva a través de sus composiciones sobre visiones alucinógenas –e interiores–, ¿no es este Witkiewicz?

Volvamos de nuevo a la historia. En 1920 en la ciudad de Lvov se celebró la última exposición conjunta de *Formiści* y *Bunt*. Etapa en la que *Bunt* se encuentra en su tercer y último periodo –según Malinowski– y *Formiści* en su momento de propagación y consolidación. Los hechos demuestran que, finalmente, el grupo formista logró un eco y extensión mayor que *Bunt,* abriéndose paso en la vida cultural del país como sinónimo de modernidad. Su credo, más amplio y flexible, fue tal vez la clave para conseguir mayor calado en artistas, crítica y público.

Llegados a este punto, y tras haber sobrevolado las colaboraciones entre *Bunt* y *Formiści*, cabe hacer una serie de reflexiones. Resulta llamativo el hecho de que ambos grupos se fundaran un mismo año, 1917, aunque luego el grupo formista prolongara su vida hasta 1922 y *Bunt* declinara en 1920. Además, tanto *Bunt* como los "Expresionistas polacos" (futuros formistas) se crearon con la intención de ofrecer una alternativa al arte oficial impuesto, el proveniente del Secesionismo y que seguía los preceptos del impresionismo y postimpresionismo. En definitiva, hablamos de un origen común en cronología e ideario, que hace necesaria la interpretación de la génesis de ambos grupos tomando como clave el expresionismo, más que alemán, como estado de la sensibilidad en la región centroeuropea.[1]

A nivel teórico, existen igualmente puntos de encuentro entre *Formiści* y *Bunt*. Malinowski dice:

> "Según Hulewicz el artista debería rechazar la imitación de la naturaleza; la obra de arte es una composición cerrada en sí misma, que posee sus propias reglas".[2]

Preceptos similares defendió Z. Pronaszko en su artículo "Sobre el expresionismo"[3], en el que defendía que el arte no podía reducirse a la mera imitación de la naturaleza, ya que esta no llega a ser arte verdadero ni permite al contemplador participar en ella de un modo activo. El arte es algo más, es aquello que se expresa a través de la visión interior del artista y no de la observación científica del mundo externo. Tanto en el pensamiento de Z. Pronaszko (*Formiści*) como en el de Hulewicz *(Bunt)* encontramos una clara raigambre kandinskiana acerca de la visión interior del artista. Esa misma teoría en la que se basaba Hermann Bahr y que, sin duda, nuestros artistas conocieron.

Autores, grupos, escenarios e incluso estilos y técnicas, están más próximos de lo que podría imaginarse, y esta cercanía es sin duda la clave para comprender el complejo fenómeno del expresionismo, inspirador directo de la fundación de nuestro grupo, Formiści.

---

[1] Así lo defendió Paul Fetcher, escritor del primer monográfico sobre el expresionismo en 1914 que "definió el término "expresionismo" como el movimiento alemán nacido para hacer frente al impresionismo, paralelo al cubismo en Francia y al futurismo en Italia" (DUBE, W., *Los expresionistas,* Destino, Barcelona, 1997 -Traducción al castellano por Elena LLorens- p. 19-).

[2] [Traducción de la autora] En: MALINOWSKI, J., *Sztuka i nowa... Op. Cit.* (p. 87).

[3] PRONASZKO, Z., "O ekspresjonizmie", *Maski,* z. 1, 1 styczeń 1918 (p. 15 -18).

Stanisław Ignacy Witkiewicz, *Kompozycja fantastyczna,*
"Composición fantástica", 1915-20. Museo Nacional de Varsovia.

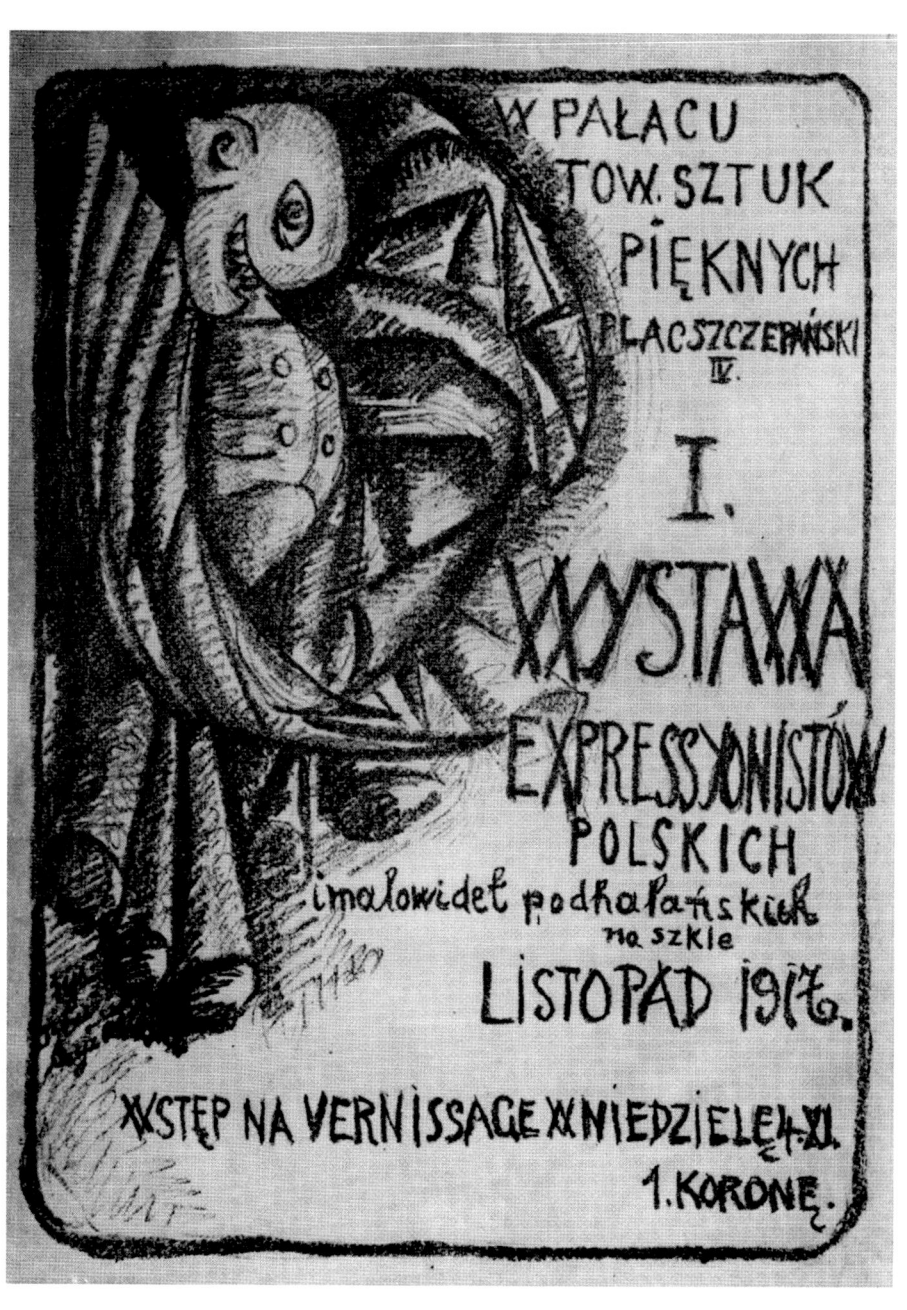

Portada catálogo Primera Exposición Formista, por T. Czyżewski,
Cracovia, noviembre 1917.

2

Reminiscencias de Rusia

La (in)fortuna historiográfica

Las investigaciones de arte ruso contemporáneo llegadas a Europa a día de hoy no son muchas y datan, fundamentalmente, de las últimas dos décadas del pasado siglo, coincidiendo con la caída de la URSS[1]. Son estudios, por tanto, recientes y escasos que aún requieren de mayor profundización. En el caso concreto de las vanguardias históricas, las noticias que han llegado a España se basan fundamentalmente en estudios sobre el constructivismo o suprematismo. Una situación historiográfica, como vemos, similar a la de Polonia, esto es, insuficiente y necesaria de mayor investigación así como de revisión de lo ya publicado.

A pesar de estas lagunas, resulta necesario –siquiera por intuición– apuntar ciertos nexos entre el nacimiento de la modernidad en Polonia y Rusia, pues se trata de la tercera potencia que dominaba tierras polacas, bajo cuya hegemonía se encontraban las ciudades de Varsovia (la futura capital, en donde se concentrará un grupo de poetas futuristas que

---

[1] Un excelente estado de la cuestión sobre los estudios de arte de vanguardia rusos, lo encontramos en LLORENS, T., *Las vanguardias rusas,* catálogo de la exposición, Museo Thyssem Bornemiszka y Fundación Caja Madrid, 14 febrero- 14 mayo 2006 (p. 15-19).

mantendrán contactos directos con Rusia y organizará veladas junto a los formistas) y Łódź (ciudad donde grupos como *Blok, Praesens* y *A.R.* – núcleo del primer constructivismo polaco– tendrán su centro de operaciones). Como ocurre en el caso de Austria y Alemania, las similitudes no vienen por coincidencia o mera copia, sino por natural intercambio de geografías solapadas.

Contactos Polonia–Rusia

Andrzej Turowski, en el catálogo de una exposición dedicada a los contactos entre Varsovia y Moscú en esta época[1], apunta:

> "Antes de la I Guerra Mundial, las revistas y periódicos traían las noticias más importantes artísticas venidas de Moscú y San Petersburgo, pero sin ningún tipo de interés en lo referente a las vanguardias. Toda la atención estaba desviada al oeste de Europa, e incluso Kandinsky, que en 1904 expuso en el Salón Krywult de Varsovia, o en 1905 en el Palacio del Arte de Cracovia, fue tratado en Polonia en aquella época (no sin protestas) como un artista alemán... Si se trata de las revistas culturales y artísticas, antes se despertó un interés por la poesía futurista y, sólo después, por las experiencias plásticas"[2].

Que la acogida por parte de la crítica en un momento así no fuera espectacular, es un hecho que cabe esperarse. Sin embargo, no se puede ignorar el que existiera en la preguerra una lógica aproximación, siendo el periodo de entreguerras cuando cuaje un verdadero interés por las

---

[1] TUROWSKI, A., "Notatki o awangardzie rosyjskiej w Polsce", en: *WARSZAWA-MOSKWA, МОСКВА-ВАРШАВА 1900-2000*, Katalog Wystawy, Zachęta Galeria Sztuki Warszawa 2004 (p. 50-57).

[2] [Traducción de la autora] En: TUROWSKI, A., "Notatki o awangardzie rosyjskiej w Polsce"... *Op. Cit.* (p. 50).

manifestaciones de la modernidad en Rusia. Es más, esto vendrá promovido por nuestros propios autores, los formistas:

"Tras el lapso de la guerra, en 1920 se comenzó a hablar en Polonia sobre la vanguardia rusa. Los formistas, con conocimiento de causa, informaron sobre el arte del ruso 'W. Tatlin, que busca nuevos valores estéticos descubriendo en la construcción de las máquinas la lógica de una nueva belleza', reconociendo al mismo tiempo que representan la fuente de la búsqueda artística 'el expresionismo ruso es una sincera vuelta a la autonomía del espíritu creador'… No es tampoco casualidad, que Leon Chwistek volviendo después de años, en 1938 a las fuentes del arte contemporáneo polaco, viera dos tendencias: el formismo y el suprematismo, de las cuales, sin duda alguna, la segunda tenía un claro origen ruso".[1]

De modo que *Formiści* no solo fomentó la creación de un arte nuevo en su país, sino que su actividad resultó también decisiva para traer las noticias de las corrientes modernas venidas de otras geografías: aglutinaron tendencias y expresiones artísticas venidas de toda Europa.

Por otro lado, se hace necesario subrayar que el formista Leon Chwistek considerara el formismo y el constructivismo como las dos vías de modernidad surgidas en la Polonia de entreguerras, observación que sitúa a ambos grupos a un mismo nivel, adjudicándole a *Formiści* el papel que merece en el desarrollo artístico del país: sin ellos no hubiese sido posible el desarrollo ulterior del constructivismo –lo que no quiere decir que haya una continuación estilística, estética o artística en general:

---

[1] [Traducción de la autora] En: TUROWSKI, A., "Notatki o awangardzie rosyjskiej w Polsce"… *Op. Cit.* (p.. 50).

nos referimos aquí a la preparación de crítica y público hacia las propuestas de arte de la modernidad–.

Es más, tanto los círculos de poetas polacos futuristas varsovianos, como el grupo expresionista *Bunt* estuvieron en contacto directo con los círculos procedentes de Rusia, y, recordemos aquí que los formistas organizaron exposiciones y veladas con *Bunt* y los futuristas varsovianos. Algunos de estos autores, además, vivieron en Rusia y establecieron contacto con los círculos artísticos más innovadores:

"También Bruno Jasieński en su época de estudios en el instituto en Moscú, pudo obtener un buen conocimiento de la poesía futurista. A la vuelta a su país, estudió en Cracovia, y organizó las primeras actuaciones artísticas junto a Stanisław Młodożeniec, el cual también vivió en Moscú en los años de la guerra y la revolución y rápidamente contactó con el grupo varsoviano futurista. De modo igualmente positivo, reaccionaron ante el arte de vanguardias ruso el grupo de Poznan *Bunt.* A pesar de estar en contra de los rusos en época de la guerra bolchevique contra Polonia –lo que sin duda provocó el cese de los contactos con los círculos pacifistas y de izquierdas de los artistas alemanes– en las primeras manifestaciones de los artistas de *Bunt* se podían advertir señas claras de interés por las vanguardias del Este. Para ellos tuvo una importancia decisiva las noticias de Rusia vía Berlín. Allí el arte se veía a través de dos corrientes. La primera, cercana al expresionismo, y llamada por Kandinsky arte abstracto y, la segunda sin duda cercana a Malevich, y denominada, no por accidente arte no objetual. Es necesario decir también que las noticias sobre arte ruso venían igualmente vía París, en donde alrededor de *La ruche* se formó en las primeras décadas del s. XX una gran colonia de artistas de origen judío venidos de Europa central y del este, y que luego será denominada *École de Paris*. Sus contactos, tanto con Rusia como con Polonia, eran activos".[1]

Por una u otra vía, las noticias del arte ruso se propagaron por Europa, y no solo las corrientes posteriores constructivistas, sino muy especialmente el futurismo en Polonia (a través de su poesía) y el expresionismo. Vistas las conexiones "reales" pasemos a analizar las posibles influencias artísticas entre estas geografías.

Puntos de encuentro

Conocida es por todos la recuperación del folklore o arte popular –tanto propio como ajeno– que puso en práctica la modernidad, muy especialmente el expresionismo. Este mismo rasgo es compartido tanbién por los formistas y los artistas rusos. Sin embargo, en ellos hay que matizar la especial preeminencia que le dieron al arte popular de sus respectivos países. Como advierte Eugenia Petrova:[2]

"Muchos tenían, sin lugar a dudas, un buen conocimiento del arte de los pueblos de África, China y Persia, así como de las estampas populares japonesas. Sin embargo, a diferencia de los europeos, que por lo general, buscaban inspiración en culturas antiguas ajenas a ellos –la africana, la mexicana, la egipcia, la china y otras–, los rusos de comienzos de s. XX se centraron fundamentalmente en los riquísimos tesoros del arte popular ruso. Los motivos de

---

[1] [Traducción de la autora] En: TUROWSKI, A., "Notatki o awangardzie rosyjskiej w Polsce"... *Op. Cit.* (p. 51).

[2] PETROVA, E., "Las raíces populares de las vanguardias rusas", en: *Las vanguardias rusas,* catálogo de la exposición, Museo Thyssem...*Op. Cit.* (p. 21-29).

este giro tan activo y tan amplio hacia sus propias raíces se encuentran en el curioso destino de las tradiciones rusas".[1]

Afirma la autora más adelante:

"A finales de la primera década del s. XX, en Rusia se originó un cambio en la concepción del arte popular y el arte profesional. Para muchos, los objetos que los artesanos de los pueblos y de las ciudades hacían con sus manos se convirtieron en un ideal y en la fuente donde emanaba la inspiración artística. En Rusia surgió una importante corriente artística a la que se ha dado el nombre de primitivismo o neoprimitivismo".[2]

Del mismo modo ocurrió en Polonia con el grupo formista que desde un principio mostró un marcado interés por el arte y artesanía popular polaca y, en concreto, de la procedente de la región de Podhale, la más representativa, y, además, perteneciente a la zona de donde ellos mismos procedían. En el caso de Rusia, es de destacar el valor de los iconos que, desde el s. x, se volvieron objetos de culto en una sociedad que en su gran mayoría era campesina, empleándose como decoración en las casas y heredándose de una a otra generación. En el caso de Polonia, destaca el interés por el arte popular desde tiempos anteriores: en la ciudad de Zakopane[3] se comenzaron a reunir intelectuales ya en el S. XIX en defensa de las manifestaciones artísticas tradicionales de la localidad, llegando casi a mitificarlas en una época de marcado romanticismo y

---

[1] PETROVA, E., "Las raíces populares de las vanguardias rusas"...*Op. Cit.* (p. 21).

[2] *Ibidem.*

[3] Un estupendo estudio compilatorio sobre la región de Zakopane en esta época se encuentra en: FOLGA-JANUSZEWSKI, D., JABŁOŃSKA, T. (Pod. Red.), *Zakopane w czasach Rafała Malczewskiego*, Bosz, Olszanica, 2006.

profundo nacionalismo. Los formistas, posteriormente, también volverán sus ojos a estas manifestaciones populares (ante todo: pinturas sobre vidrio y grabados en madera) eso sí, desprovistas de este carácter nacionalista. Tal vez, dentro de la producción formista, sea la obra plástica de Tytus Czyżewski la que mejor represente esta recuperación del arte tradicional polaco, tanto en la temática como en el tratamiento de las formas.

Esta vuelta a las expresiones artísticas folklóricas tenían como objeto la experimentación formal, por un lado, y la conexión con una expresividad más genuina, por otro. Así, autores como Kandinsky, rescatan las formas populares como vías de expresión:

> "El amor de Kandinsky por el arte popular ruso, y más tarde por el arte popular alemán y de otros pueblos, se reflejó no solo en los temas de sus obra (San Jorge y los cuadros relacionados con su amado Moscú), sino también en la gama de colores de sus trabajos, en esa libertad con la que estructuraba sus composiciones y sus ritmos, algo que el artista dominaba a la perfección".[1]

Es más, formalmente, parece que incluso pueden trazarse nexos entre este arte popular y la modernidad. Así por ejemplo, Natalia Goncharova, llega a afirmar que las formas cubistas ya se hallan en el arte tradicional ruso:

> "El cubismo es algo magnífico, aunque no demasiado novedoso. Tanto las mujeres de piedra escitas como las muñecas rusas de madera pintada que se venden en los mercados están hechas a la manera del cubismo".[2]

---

[1] PETROVA, E., "Las raíces populares de las vanguardias rusas"… *Op. Cit.* (p. 22).

[2] Citada en: *Ibidem.*

Aunque teñidas de cierta provocación, en realidad estas afirmaciones no son tan descabelladas: no olvidemos que el propio Picasso antes de cifrar el cubismo junto a Braque, se encontraba en una fase estilística que todos han acordado en calificar (con conocimiento de causa) como "primitivista": un paso sin el cual no puede comprenderse la posterior e irreversible ruptura cubista. En la obra del formista Czyżewski, por ejemplo, cabe preguntarse hasta dónde llega su uso de la forma cubistizante y comienza la primitivista. Y, a propósito de Goncharova, su obra y la recuperación de lo popular: ¿acaso no encontramos en grabados suyos como los de la serie *Imágenes Míticas de la guerra* reminiscencias expresionistas centroeuropeas, aquellas practicadas por los expresionistas alemanes y polacos, las mismas que exportará Norah Borges a España y que se mostrarán en la revista *Ultra*? Las influencias se entremezclan y las fusiones conforman una maraña de hilos difícil de desmadejar. La modernidad conecta con muy diversos tiempos y espacios, como vemos, las obras de todos estos artistas. No hay más que observarlas para cerciorarnos de ello.

Los ecos del cubismo, además, llegarán a Rusia. Tal y como afirma Andrzej Sarabjanow:

"Las vanguardia rusa se nutría de varias fuentes. Una de ellas fue el cubismo francés, que dejó una profunda huella en los artistas rusos… El que no fue a París, podía estudiar arte francés en la Galería de Sergei Szczukin, abierta al público. Allí, al principio de la segunda década del s. XX se mostraron las primeras obras de Pablo Picasso y George Braque. Justamente en los muros de la conocida villa de Szczukin, estudiaron individualmente el cubismo Malevich así como Iván Kluin y Aleksej Morgunov. El episodio de fascinación por lo cubista afectó también a Olga Rozarowa y, en menor grado, a Vladimir Tatlin".[1]

Había sin duda un intercambio y conocimiento de las corrientes más innovadoras de occidente. E igual sucedía en Polonia. Sin embargo, en ambos países, estas nuevas visiones pasaron por el tamiz de lo popular, del folklore, tratando de conjugar las nuevas formas con el arte del pasado más primigenio y característico, pues "el folklore y la mitología popular se convirtieron en una de las bases del arte nuevo"[2]. Y en *Formiści,* como hemos tenido la ocasión de comprobar, sucede tanto de lo mismo. No es un hecho fortuito, que tanto los artistas de Rusia como de Polonia de aquella época se dedicaran a la compra y coleccionismo de artesanía popular (recordemos el caso de Skoczylas, artista plástico y coleccionista de pinturas populares de Podhale).

En 1913 se organiza una exposición en Moscú en la que se combinó arte popular y arte tradicional:

> "En 1913 Mijaíl Lariónov organizó en Moscú una exposición de iconos y Lubki, y mostró al público 129 obras de su colección privada. En esa misma época se organizó la exposición que se llamaba El blanco, en la que, junto a los trabajos de Natalia Goncharova, Mijaíl Lariónov, Kazimir Malevich y otros artistas profesionales, se exponían dibujos infantiles, rótulos de tiendas y talleres y cuadros anónimos o de artistas *naives*"[3].

---

[1] [Traducción de la autora] En: SARABJANOW, A., "Sztuka między moderną a awangardą", *WARSZAWA- MOSKWA, МОСКВА-ВАРШАВА 1900-2000,* Katalog Wystawy, Zachęta Galeria Sztuki Warszawa 2004 (p.43).

[2] SARABJANOW, A., "Sztuka między moderną a awangardą"...*Op. Cit.* (p. 45).

[3] *Ibidem.*

Ejemplo muy similar al que pondrá en práctica *Formiści* tan solo unos años más tarde, en 1917: recordemos que la primera exposición del grupo venía acompañada –es más, en la primera sala– de una colección de pinturas sobre vidrio populares del Podhale. De esta suerte, el icono en Rusia y la pintura sobre vidrio polaca, se desprenden de su función original para volverse un modelo formal, neutro al tiempo que genuino. Incluso las técnicas de tallado en madera (que recordemos, también fueron rescatadas por los expresionistas alemanes) sirvieron como fuente de inspiración a los artistas plásticos, tanto de Rusia como de Polonia y Alemania.

El propio Malevich (que expuso en Polonia repetidas veces) declaró que el arte popular era para él una fuente incesante de inspiración:

> "No seguí el camino de la Antigüedad, ni el del Renacimiento, ni el de los Pintores Itinerantes. Me quedé en el lado del arte campesino, y me puse a pintar cuadros con espíritu primitivo. Al principio, en mi primer periodo, imité los iconos. Mi segundo periodo fue estrictamente 'laboral' pintaba campesinos trabajando, la siega, la trilla".[1]

En conclusión, las relaciones entre lo tradicional y lo moderno se hacen patentes de un modo más acentuado en el caso de Rusia y Polonia, en donde el arte folklórico fue al tiempo motivo inspirador, un modelo formal y una producción digna de admiración y necesaria de reconocimiento. Un aspecto que, como vemos, comparten todos estos grupos y manifiesta, una vez más, la imposibilidad de definir de modo limpio y sin cesuras, todas estas corrientes centroeuropeas.

---

[1] Citado en: PETROVA, E., "Las raíces populares de las vanguardias rusas"...*Op. Cit.* (p. 28).

Andrzej Proznaszko, Procesja, "La procesión", 1916.
Museo Nacional de Varsovia.

Tytus Czyżewski, *Akt z kotem*, "Desnudo con gato", 1920.
Museo Nacional de Varsovia.

3

¿Futurismo?

Llegados a este punto, resulta necesario aclarar el concepto de futurismo, término que tuvo más fortuna en Rusia. De hecho, en la época anterior a la guerra, el concepto "futurista" poseía connotaciones tan amplias que bien podría compararse con la noción de expresionismo que se tenía en Alemania y Polonia en fechas similares. Tal y como relata John E. Bowlt:[1]

"El futurismo ruso era un milagro sin límites nacionales, ni internacionales. Se trataba de un movimiento individual, nativo, denominado budetlianstvo (del futuro del verbo ruso ser) y al mismo tiempo una variopinta mezcolanza de cubismo, futurismo y expresionismo".

Resulta curioso que en Polonia se interpretara de modo similar la modernidad como aglutinación de estilos y corrientes diversas, de entre las cuales siempre destacan tres: cubismo, futurismo y expresionismo. Visto desde este prisma, ¿sería el futurismo en Rusia el homónimo del formismo en Polonia?, ¿acaso no se interpretaba también el concepto

---

[1] BOWLT, J. E., "Agentes de la anarquía", en: *Las vanguardias rusas,* catálogo de la exposición, Museo Thyssem…*Op. Cit.* (p. 32).

expresionista de un mismo modo? Lo fortuito de los términos ha de observarse con criterio, para no caer en encuadres falseados o escuelas etiquetadas posteriormente. Se da una fusión o síntesis de la modernidad, que ya es advertida por Lariónov en un temprano 1913:

"Aplicación simultánea de las formas del cubismo y del futurismo: Picasso, le Fauconnier, Gustave Delarue, Goncharova.
Postcubismo: Edmond Régis, Prunet, R. Edin, Iwan Rusiecki.
Neofuturismo: Henri Port, Auguste Vertert, el italiano Tiretti, De la Spera (España).
Pintura de arena japonesa.
Serigrafías...
Rayonismo.
La teoría de la radiación, la radioactividad.
Las ondas de luz y los cambios cromáticos como resultado de su altura y oscilación".[1]

La revolución artística (en concepto estrictamente plástico y literario, no político) se extiende por toda la geografía. Los artistas representantes de esta nueva oleada se caracterizan, precisamente, por la heterogeneidad de propuestas, tantas en número como autores la conformaban, ya que "la fuerza principal que conducía el proceso artístico fueron los artistas y su talento, su gusto y su individualismo"[2]. Esa heterogeneidad puede considerarse, a su vez, como rasgo común al fenómeno de la modernidad.

Si nos centramos en las obras con dejes futuristas dentro del seno del formismo (entendamos aquí futurismo como la fragmentación de la

---

[1] BOWLT, J. E., "Agentes de la anarquía"...*Op. Cit.* (p. 33).

[2] [Traducción de la autora] En: SARABJANOW, A., "Sztuka między moderną a awangardą"...*Op. Cit.* (p.46).

imagen con técnica cinematográfica con el fin de representar el movimiento), escasos son los ejemplos. Tal vez las más significativas sean las obras de Leon Chwistek "Ciudad" (*Miasto*), "Ciudad industrial" (*Miasto Fabryczne*) y "Esgrima" (*Szermierka*) en donde se advierte la secuenciación del movimiento plasmada de forma plástica, ilustrando las palabras de los propios futuristas italianos:

"Todo se mueve; todo corre; todo se torna veloz. Una figura nunca está inmóvil ante nosotros, sino que aparece y desaparece incesantemente... Así un caballo a la carrera no tiene cuatro patas sino veinte patas, y sus movimientos son triangulares".[1]

Sin embargo, estos ejemplos no establecen vínculos significativos entre el futurismo y el formismo. Más bien son excepciones. El propio Chwistek negó su relación con el movimiento italiano en su escrito *Tytus Czyzewski y la crisis del formismo*[2] y su teoría de las múltiples realidades[3]: cuando se refiere al futurismo alude al arte moderno, del futuro, y no a la corriente nacida en Italia.

Igualmente, el hecho de que Tytus Czyżewski empleara la secuenciación cinematográfica en obras como *Salomé* (obra multifacetada) tampoco llega a ser del todo concluyente. En este caso, así lo vemos desde aquí, la conexión de la obra se debe más a un lenguaje personal y a una recurrencia temática más propia del expresionismo:

---

[1] BOCCIONI, U., CARRÁ, C., RUSSOLO, L., BALLA, G. Y SEVERINI, G., *La pintura futurista, manifiesto técnico (1910)*, en: GONZÁLEZ GARCÍA, A., CALVO SERRALLER, F. Y MARCHÁN FIZ, S., *Escritos de arte de vanguardia (1900-1945)*, Istmo, Madrid, 2003 (p.145).

[2] CHWISTEK, L., *Tytus Czyżewski a kryzys formizmu,* Gebethner i Wolff, Kraków, 1922.

[3] CHWISTEK, L., "Wielość rzeczywistości", *Maski*, r. I, nr. 1 (p. 16 - 18), nr. 2 (p. 36-39), nr. 3 (p. 59 - 60) y nr. 4 (p. 76 - 80), Kraków, 1918.

Salomé fue un tema predilecto para los expresionistas, pues presenta el caso de la mujer fatal, de la muerte y alude directamente a autores como Oscar Wilde y Richard Strauss.

Si hemos de encontrar una conexión real con el futurismo y el formismo, hemos de referirnos única y exclusivamente al venido de Rusia, y centrarnos básicamente en su vertiente literaria. En concreto, esta relación se cristaliza en la obra poética del formista Czyżewski. El futurismo es interpretado por Czyżewski, además, de un modo muy personal. Prueba de ello es su artículo "Mi futurismo" (*Moj Futurizm*)[1] escrito en 1923, una vez disuelto *Formiści*. El contacto del autor con los círculos futuristas cracovianos (en concreto el grupo *Katarynka*) coincide con el que estableció con los futuros formistas. Corría el año 1917 y Czyżewski buscaba nuevos modos de expresión desde una vertiente tanto plástica como poética, sin pretensión de aplicar dogmas, simplemente, el de sentir que su arte actúa como una suerte de organismo vivo. Dice:

> "No tuve ni tengo la intención de 'futurizar' la poesía y la pintura polaca. Quiero crear, a través de nuevas fuentes y organismos vivos, mi arte"[2].

Entiende el futurismo, por tanto, como la creación continua de nuevas formas por ser "una necesidad de nuestro nuevo mundo" y termina sentenciando que "El arte vivo y verdadero es siempre futurista"[3]. El término es vago y nada concluyente: alude, una vez más, a las propuestas de la modernidad, sin contemplar estilos ni imposiciones, observando que se trata del estilo que alude al futuro, y de ahí su denominación.

---

[1] CZYZEWSKI, T., "Mój futuryzm", *Zwrotnica*, nr 6, październik 1923 (s.85 -186).

[2] [Traducción de la autora] En: CZYZEWSKI, T., "Mój futuryzm"… *Op. Cit.* (p. 185).

[3] [Traducción de la autora] En: CZYZEWSKI, T., "Mój futuryzm"… *Op. Cit.* (p. 186).

En la compilación de poemas de Czyżewski publicada en 1920 y titulada "Ojos verdes, poesía formista, visión eléctrica" (*Zielone oko. Poezje Formistyczne. Elektryczne wizje*)[1] encontramos ejemplos de lo que venimos afirmando. Su poesía combina el lenguaje convencional y poético, con profusión de onomatopeyas e inclusión de transcripciones de ruido, jugando con la disposición de los versos en el espacio, aportando una presentación de los mismos que bien podría tildarse de plástica. Los temas, igualmente, son fruto de paisajes propios de la modernidad, diametralmente opuestos a la tradicional visión poética deudora del romanticismo. Resulta interesante, además, que en el título sea "poesía formista" y no futurista: el formismo es el futurismo (o el expresionismo), esto es, el arte del futuro, la modernidad *per se*.

Por otro lado, cabe destacar que los contactos entre los poetas polacos con la poesía futurista rusa eran reales, quedando reflejados en crónicas como las de Bruno Jasieński, uno de los que encabezaron la poesía futurista polaca. Jasieński residió en Moscú y su papel fue fundamental como puente entre las vanguardias poéticas rusas y polacas. En uno de sus artículos, realiza un interesante balance del futurismo en Polonia[2]. Comienza relacionando los nuevos caminos en el arte como frutos de una sociedad cambiante, en la que la tecnología adquiere cada vez mayor protagonismo:

> "Los gigantes y rápidos desarrollos tecnológicos e industriales son sin duda la esencia fundamental en la columna vertebral de la sociedad moderna. Crean una nueva ética, estética y una nueva realidad. La máquina en la vida del hombre ha de ser aceptada como un nuevo

---

[1] CZYZEWSKI, T., *Zielone oko, poezje formistyczne, elektryczne wizje,* Gebethner i Wolff, Kraków, 1920.

[2] JASIEŃSKI, B., "Polski Futuryzm", *Zwrotnica*, n.6, październik 1923 (p. 177 – 184).

organismo al que hay que saber reaccionar, y no como si fuera un cuerpo extraño".

La llegada del futurismo a Polonia es comparada por el autor con una enfermedad que se propagó por todo el país, debido a la incapacidad de asimilación de lo nuevo por parte del público y la sociedad en general:

"Si el organismo de la gente o la sociedad y la energía no responde con suficiente cantidad, se produce una intoxicación, como el contagio de un cuerpo extraño".[1]

En Polonia la entrada de la modernidad fue (siempre según Jasieński) una suerte de choque en el que la sociedad reaccionó de diversos modos, primero como lucha desde "los bastiones de la iglesia y las redacciones de los periódicos", y luego "confiscando libros, arrestando y cerrando veladas poéticas"[2], para finalmente llegar al momento en el que escribe su artículo (1923) y en el que afirma que ya poco escándalo se proporciona con dichas actuaciones:

"Hoy ya no se grita en mis veladas… los libros se publican en tiradas cada vez más grandes e incluso se encuentran editores…. Hoy, cuando la crisis se puede dar por erradicada, se puede echar un vistazo y con total tranquilidad, hacer un balance: Escribimos versos muy malos, y creamos muy malas pinturas. La historia nos pondrá en su sitio. Fue un momento extraño y hermoso… una época en la que la poesía explotaba como si fuese dinamita".[3]

---

[1] [Traducción de la autora] En: JASIEŃSKI, B., "Polski Futuryzm"… *Op. Cit.,* (p.178).

[2] [Traducción de la autora] En: JASIEŃSKI, B., "Polski Futuryzm"… *Op. Cit.* (p.179).

[3] [Traducción de la autora] En: JASIEŃSKI, B., "Polski Futuryzm"… *Op. Cit.* (p.180).

Bruno Jasieński y Tytus Czyżewski se conocieron en 1918. Respecto del grupo formista, interesantes son las palabras que Jasieński apunta:

"Los formistas causaron en mí la impresión de un gremio medieval en busca de nuevas formas…. Buscaban nuevas fórmulas en pintura como si se tratase de matemáticas".[1]

La palabra gremio nos trae ecos medievales, esos que quería recuperar el expresionismo y que aquí quedan evocados claramente. Por otro lado, esa referencia matemática contradice aparentemente esa misma raíz expresionista, y sitúa a nuestro grupo cracoviano en una línea más neutral y claramente formalista. Una combinación, cuanto menos, curiosa y distintiva.

Jasieński al final de su escrito establece diferencias entre los futurismos italiano, ruso y polaco, basándose en las relaciones del hombre con la máquina: así, en Italia tratan a la máquina como modelo idealizado, en Rusia como un producto del hombre y en Polonia como un nuevo órgano que forma parte del hombre. Metáforas que hablan por sí solas.

En conclusión, Jasieński afirma:

"El futurismo no es una escuela, es una cierta forma de conciencia, un estado psíquico…. La lucha es una, pero los resultados y caminos, varios".[2]

Por tanto, una vez más, queda descartada la idea reduccionista en torno a un estilo: las posibilidades son múltiples y si, en su propia época los propios autores aceptaban esta heterogeneidad en nombre de la

---

[1] [Traducción de la autora] En: JASIEŃSKI, B., "Polski Futuryzm"… *Op. Cit.* (p.181).

[2] [Traducción de la autora] En: JASIEŃSKI, B., "Polski Futuryzm"… *Op. Cit.* (p.183).

modernidad (ante todo, más allá de denominaciones cerradas) del mismo modo hemos de interpretarlas nosotros en el presente.

Los poetas futuristas polacos organizaron veladas y manifiestos de una forma tan activa como efectiva, siendo las ciudades de Cracovia y, ante todo, Varsovia, sus escenarios principales. Bruno Jasieński, además, estuvo en contacto directo con poetas rusos como Majakowski. Por tanto, los lazos entre Rusia y Polonia son tanto a nivel plástico como literario, cuestión que no podemos dejar pasar por alto y que demuestra un nuevo trasvase de influencias artísticas. La modernidad era un fenómeno que traspasaba fronteras, ya lo estamos viendo. Y no olvidemos que los formistas presenciaron y participaron conjuntamente con ellos en varias ocasiones. El caso de la poesía, en este aspecto concreto, es uno de los más destacados. Sin embargo, no queremos alejarnos del objeto de nuestro estudio, máxime sabiendo que sobre este aspecto en concreto, se han dedicado ya interesantes páginas a las que remitimos al lector interesado[1].

Continuemos, pues, con las nociones plásticas de la modernidad en el seno de *Formiści*: veamos ahora hasta qué punto y de qué modo asimilaron –supuestamente– el cubismo.

---

[1] Uno de los estudios más completos sobre este tema es el libro: LAM, A., *Polska awangarda poetycka, programy lat 1917- 1923,* tom I i II, Wydawnictwo literacki, Kraków, 1969. Publicado en dos tomos, el segundo contiene una valiosa compilación de textos y manifiestos de la época.

Leon Chwistek, *Miasto fabryczny*, "Ciudad industrial", 1920.
Museo Nacional de Varsovia.

Portada del catálogo de la exposición de los formistas polacos en el
club de artistas Polonia de Varsovia, por S. I. Witkiewicz (Witkacy).
Varsovia, abril - mayo 1921.

4

Cubismo ("de salón")

Como podemos observar, la aplicación o asimilación de los lenguajes de la modernidad en *Formiści* no fue ni mucho menos una ortodoxia. Tanto expresionismo, como futurismo o cubismo, se emplean indistintamente como términos generales que aluden al arte nuevo y no a ortodoxias estéticas o plásticas. En el caso de las supuestas influencias cubistas, los ejemplos plásticos son bastante reducidos, y en ellos habría que hablar de forma "cubistizante" (esto es: con cierto tinte pero no como aplicación férrea y purista) que puramente cubista. Junto a esto, las teorías citadas en los catálogos de las exposiciones formistas (desde el primero en noviembre de 1917) de Gelizes y Metzinger, desvelan que esta interpretación o laxa apropiación del estilo, se hizo por esta vía, a través de estos autores: los que propagaron el cubismo por Europa –y por tanto, provocaron su flexible interpretación– y lo legitimaron a través de una teoría cifrada en el ensayo *Sobre el cubismo*.[1]

En el salón de los Independientes parisino de 1913 apareció ya citado dicho tratado y, justamente en ella, hubo una significativa participación

---

[1] GLEIZES, A. y METZINGER, J., *Sobre el cubismo,* (primera edición de 1912), ed. Colegio Oficial de aparejadores y arquitectos de Murcia, Valencia, 1986. (Traducción de I. Ramos Serna y F. Torres Monreal).

de artistas polacos, según nos informa A. Turowski,[1] por lo que presumiblemente las noticias sobre este tratado que tenía como finalidad la legitimación del cubismo como estilo (e incluso necesidad histórica) llegaron con prontitud a Polonia. Un cubismo, que como dice acertadamente Christopher Green,[2] ha de ser calificado como "de salón", esto es: el que se propagó y se expuso bajo tal denominación, y que no incluía la obra de sus propios fundadores, Braque y Picasso, que se mantuvieron al margen de dicha iniciativa bajo la custodia de su marchante Kahnweiller.

Por tanto, este cubismo de salón, que será el que se propague y llegue a tierras polacas, era ya, de por sí, una interpretación del cubismo:

> "Lo que aparece en el cubismo de los salones no es en modo alguno la escuela de Picasso o Braque sino una gama diferente de estilos cubistas con una serie de prioridades diferentes, producida dentro de medios distintos".[3]

Si cabe observar (con cierta precaución e incluso pudor) ciertos rasgos "cubistizantes" en la obra de algunos formistas, no cabe duda de que es una asimilación, precisamente, de este cubismo, y no del desprendido de la obra de Picasso o Braque años antes. Se acostumbra a interpretar, por ejemplo, la obra de Tytus Czyżewski como la primera en utilizar rasgos cubistas en Polonia, allá por 1915. Pero, ¿era este uso facetado una verdadera aplicación cubista?, ¿no se trata más bien de rasgos arcaizantes de reminiscencias primitivistas? Tanto los óleos, como los dibujos y grabados, así como las obras "multifacetadas" de Czyżewski efectúan cortes de los planos y un uso de las sombras que

---

[1] TUROWSKI, A. "Czym był kubizm w Polsce?", *Awangardowe marginesy,* Instytut Kultury, Warszawa, 1998.

[2] GREEN, C., *Arte en Francia 1900-1940*, Cátedra, Madrid, 2001.

[3] GREEN, C., *Arte en Francia 1900-1940...Op. Cit.* (p. 58).

recuerdan más a las obras corales picassianas en torno a las *Señoritas de Avignon* en una época primitivista que a la aplicación de rasgos cubistas *per se*. Eso sin mencionar la elección de los temas y el empleo expresivo de las formas, que lo sitúa más en esa recuperación expresionista del arte popular que en una línea cubista. Tanto Czyżewski como los que posteriormente han analizado su obra han empleado, por tanto, el término cubista de un modo ciertamente flexible y poco fundamentado.

Z. Pronaszko, a nuestro entender, sí emplea de modo más literal las formas cubistas (siempre "de salón", ojo). En óleos como el "Desnudo formista" (*Akt formystyczne*) de 1917, emplea una reducida paleta cromática, hace una interpretación del desnudo femenino ajeno a los cánones de belleza o voluptuosidad, elimina la jerarquía de tratamiento entre fondo y figura, considerándolas por igual y fundiendo sus planos: interpreta, en definitiva, formas y volúmenes de un modo más cercano a este cubismo que se "exportó" al extranjero.

En obras como *Retrato de mi mujer* de Konrad Winkler, vemos más claramente la conexión con la obra plástica de Metzinger, ¿acaso no le debe mucho este retrato de Winkler a obras como *La hora del té* de Metzinger? La contemplación de estas obras nos manifiesta la clara diferencia con el cubismo de Picasso y Braque, de otros medios, fines y prioridades.

Por su parte, August Zamoyski, muy especialmente en sus retratos y cabezas, realizados precisamente en su periodo formista, efectúa una estilización formal que roza la propia abstracción, para lo cual hubo de servirse de un análisis de las formas geométricas, una de las lecciones cezannianas, no lo olvidemos, y que retomarán Gleizes y Metzinger para establecer los orígenes del estilo cubista. Sin embargo, una vez más, hablar de cubismo en estas obras resulta algo arriesgado y, claramente, no puede ser tomado como un dogmatismo, entre otras cosas porque no existe facetación ni concatenación de planos pertenecientes a diferentes espacios. Se trata, más bien, de un lenguaje propio que asimiló muchas de las corrientes de la modernidad y dio como fruto un estilo personal y muy madurado ya en los tempranos años de su juventud, la época en la que perteneció a *Formiści*.

A. Turowski[1] afirma que el cubismo en Polonia entre los años 1918 a 1920 se caracterizó más como una aplicación poco ortodoxa y que habría de calificarse, más bien, como "cubo-expresionista". En este sentido, y al menos en lo que a la obra de autores como Tytus Czyżewski concierne, compartimos dicha opinión.

La tesis de que fue el cubismo de Gleizes y Metzinger el que realmente caló en Polonia, tal y como ya apuntamos antes, viene demostrada por el hecho de ser citados de modo explícito en los catálogos de las exposiciones formistas,[2] donde encontramos citas como esta:

"Estamos de acuerdo en que el fin último de la pintura está en llegar a la multitud; pero la pintura no debe dirigirse a la multitud con el lenguaje de la multitud, sino con su propio lenguaje: para emocionar, dominar, dirigir; no para ser comprendida. Igual que las religiones. El artista que se abstiene de toda concesión, que no se explica y que no cuenta nada, almacena una fuerza interior cuya irradiación ilumina en torno suyo".[3]

El arte, por tanto, emplea su propio lenguaje y es contemplado como una suerte de religión en la que el artista ejerce de chamán o mediador para iluminar a las multitudes, sin tener por esto que hacer uso del lenguaje de la multitud.

---

[1] TUROWSKI, A. "Czym był kubizm w Polsce?"...*Op. Cit.* (p.67).

[2] *Katalog Iej wystawy Formistów Polskich,* Warszawa 1919, PKA, Warszawa.

[3] Traducción al Castellano tomada de: GLEIZES, A. y METZINGER, J., *Sobre el cubismo,* (primera edición de 1912), ed. Colegio Oficial de aparejadores... *Op. Cit.* , (p. 45) . Texto traducido al polaco en Katalog. *Formiści Polscy,* 21 marca...*Op. Cit.*

En este mismo catálogo (Varsovia 1919), por cierto, podemos también leer las palabras de Zamoyski y Witkacy. En ambos escritos se marca la preeminencia de la forma, se cuestiona la belleza, se desbanca la mímesis como objetivo del arte. Se subraya, además, la necesidad del uso adecuado de la técnica, entre las facultades que ha de tener el artista para expresar eso que quiere decir. Asimismo, desacreditan las conquistas del renacimiento, tal y como lo hicieron Gleizes y Metzinger:

"El renacimiento es la apoteosis del sujeto, que rechaza el predominio del objeto –preocupación esencial de los siglos anteriores al XIII–. Categóricamente, el cubismo vuelve a cuestionar los derechos del objeto; llevará al paroxismo el descrédito en el que ha caído el sujeto a lo largo del s. XIX".[1]

Igualmente los formistas citan a Cézanne, a quien los autores del tratado *Sobre el cubismo* lo situaron como punto de partida hacia la experimentación formal que desembocará en el cubismo. Muchos son los paralelismos que se podrían encontrar en los escritos mencionados, todos ellos por compartir un objetivo: la defensa de la forma y la autorre-ferencialidad de la pintura. A esto se le añade la reivindicación del artista como teórico, papel que defendieron tanto los franceses como los polacos.

Subraya C. Green que, además, las teorías de Gleizes y Metzinger mucho le deben a Bergson:

"Y Gleizes y Metzinger relacionaron explícitamente las técnicas cubistas con la representación de la duración bergsoniana en su *Du Cubisme* refiriéndose a la expresión

---

[1] GLEIZES, A. y METZINGER, J., *Sobre el cubismo,* (primera edición de 1912), ed. Colegio Oficial de aparejadores… *Op. Cit.* (p. 10-11).

de ideas de profundidad, densidad y duración consideradas inexpresables por medio de un ritmo complejo y una verdadera fusión de objetos".[1]

Tras esto, Green habla de la representación de la cuarta dimensión y las influencias bergsonianas patentes en la obra teórica de los cubistas franceses. Releyendo las teorías estéticas de los formistas, cabría preguntarse aquí si también es posible encontrar ciertos rasgos bergsonianos en la obra de algunos de ellos. Concretamente en las teorías cifradas por Leon Chwistek y su noción de futurismo como arte del futuro, no como estilo, subrayamos e insistimos de nuevo. Esa pregunta es igualmente valida por el tratamiento que procura a la forma un teórico como él que, además, venía del campo de la lógica y las matemáticas. Sea o no, la relación del cubismo, y concretamente la lección de Gleizes y Metzinger en cuando a teoría, es mucho más evidente que las posibles marcas del cubismo en la plástica formista.

En conclusión, estilísticamente los rasgos cubistas no abundan en la producción formista. Sin embargo, las teorías sí que tuvieron un mayor calado en el grupo y el hecho de que estuvieran basadas en los aspectos formales de la obra plástica fue asumida por la correspondencia con sus propios fines, aunque, desde luego, no puede compararse al cubismo depurado que realizaron Filla y Kubišta en años similares y relativamente cerca de Polonia.[2]

---

[1] GREEN, C., *Arte en Francia 1900-1940...Op. Cit.* (p. 255).

[2] Muchas de estas obras albergadas en la magnífica colección del Museo del cubismo checo en la Galería Nacional de Praga.

Portada de la revista *Formiśći*, número 4. Cracovia, abril 1921.

5

La revista *Formiści* (1919-1921)

Cabe decir que, aunque la revista *Formiści* fue el órgano principal de difusión del grupo, éste también dejó huella en otras revistas de la época. Así por ejemplo, en *Wianki* (fundada en Cracovia y en activo en los años 1919-1923)[1], los formistas dejaron en sus páginas tanto escritos como ilustraciones: en el primer número[2] encontramos un artículo de Tytus Czyżewski dedicado a su obra *Salomé;* en el número 2 aparecen dos obras de Tytus Czyżewski (*Autorretrato* y *Zbójnik*)[3]; en el número 4 hay una ilustración de August Zamoyski, y en el número 7 podemos ver la reproducción de un bodegón de Jan Hryńkowski[4]. A esto hay que añadir una serie de artículos publicados por Tytus Czyżewski en los tres primeros números de la revista y bajo el sugerente título "Sobre las últimas tendencias en el arte polaco"[5]. Escritos en los que hace un

---

[1] JAKIMOWICZ, A., "Wianki", en *Polskiej Życie Artystyczny w latach 1915-1939*, pod redakcja Aleksandra Wojciechowskiego, Instytut Polskiej Akademii Nauk, Wrocław, Warszawa, Kraków Gdańks, zakład Narodowy imienia Ossolinskich Wydawnictwo Polskiej Akademii Nauk, 1974 (p. 640).

[2] *Wianki*, nr. 1, 1919 (p.17).

[3] *Wianki*, nr.2, 1919 (p.24).

[4] Wianki, nr.7, 1922 (p. 30).

[5] CZYZEWSKI, T., "O najnowszych prądach w sztuce Polski", *Wianki*, n. 1 (p. 6 y 7), 2 (p. 11) y 3 (p. 10 y 11), Kraków 1919.

recorrido por la historia de la pintura polaca, desde Matejko hasta el momento que vive el propio artista, que vive en primera persona este despertar de la modernidad.

Otra de las tribunas de las que se sirvieron los formistas antes de fundar su propia publicación, fue *Maski*[1], en donde encontramos numerosos dibujos y grabados de nuestros autores, entre cuyos ejemplos se encuentra: un grabado de Andrzej Proznaszko, once de Leon Chwistek, cuatro dibujos de Czyżewski, uno de Dołżycki, cinco de Mierzejewsk, cinco de Niesiołowski, tres de Skoczylas y nueve de Zbigniew Pronaszko. *Maski* también reprodujo obras de artistas internacionales, como: Archipenko[2] cuya obra aparece ilustrando un poema de Guillaume Apollinaire, así como Franz Marc[3], Matisse[4], Picasso[5] y Van Dongen[6]. Tan solo observando el considerable número de ilustraciones de miembros de *Formiści,* así como las pertenecientes a artistas internacionales, podemos hacernos una idea de las líneas de la revista y la repercusión que hubo de ejercer en su objetivo de propagar la noción de modernidad en las artes. En esta misma revista, además, aparecen algunas de las más significativas y primeras teorías asociadas a *Formiści,* como es el caso del artículo "Sobre el Expresionismo" de Zbigniew Pronaszko[7] y la teoría de las "múltiples realidades" de Leon

---

[1] Consultada gracias a la cesión de la profesora Iwona Luba, del departamento de Historia del Arte de la Universidad de Varsovia.

[2] *Maski*, nr.30, 20 październik 1918 (p.594).

[3] *Maski,* nr 16, 1 czerwiec 1918 (p.311).

[4] *Maski*, nr 9, 20 marzec 1918 (p.172).

[5] *Maski*, nr 15, 20 maj 1918 (p. 288).

[6] *Maski*, nr 14, 10 maj1918 (p.271).

[7] PRONASZKO, Z., "O ekspresjonizmie", *Maski*, z. 1, 1 Stycznia 1918 (p. 15 -18).

Chwistek[1]. Por tanto, bien podría ser considerada como el antecedente directo y la primera tribuna de *Formiści*.

Pasemos ya a la revista *Formiści*, publicada desde octubre de 1919 a junio de 1921 en un total de seis números y en cuyas páginas encontramos también importantes aportaciones, tanto teóricas como gráficas, que nos dan una visión del formismo como movimiento integrador, conocedor y difusor de la modernidad.

Ya en el primer número, encontramos un poema de Guillaume Apollinaire titulado *Cors de Chase*[2]; poeta de origen polaco (su nombre original era Wihelm Apollinaris de Kostrowicki[3]) que, como bien es sabido., estuvo vinculado directamente al cubismo y a su teorización[4]. Junto a éste poema de Apollinaire, aparecen dos de Tytus Czyżewski, titulados *Miasto w jesienny wieczór* ("La ciudad en una noche de otoño") y *Pastorałki* ("Pastoral"), que gozan de ciertos dejes futuristas en sus versos. Las ilustraciones reproducidas en este primer número corresponden a Jan Hryńkowski (portada) y a Tytus Czyżewski y Leon Chwistek (interior).

En este mismo número, se encuentra un artículo de Leon Chwistek titulado "Los enemigos del formismo y su psicología"[5], donde el autor trata de analizar la actitud de los que se oponen a las nuevas formas (identificadas en este caso con las propuestas del grupo) y el porqué de su comportamiento. Comienza así:

---

[1] CHWISTEK, L., "Wielość rzeczywistości", *Maski*, r. I, nr 1 (p. 16-18), nr 2 (p. 36-39), nr 3 (p. 59 -60) y nr 4 (p. 76-80), Kraków, 1918.

[2] *Formiści*, nr. 1, październik 1919 (p. 9).

[3] WIERZBICKA, A., *École de Paris,* Neriton, Warszawa, 2004 (p. 44).

[4] APOLLINAIRE, G., *Meditaciones estéticas. Los pintores cubistas*, La balsa de la Medusa, Madrid, 2009 (traducción al castellano por Lydia Vázquez).

[5] CHWISTEK, L., "Wrogowie Formizmu i ich psychologia", *Formiści* nr 1, r. I, Kraków, Październik 1919 (p. 3- 8).

"La discusión que desde hace dos años se da en Polonia acerca del tema del Formismo y las diferentes direcciones que ha tomado la pintura, es un acontecimiento conocido con detalle desde hace tiempo".[1]

Este rechazo a las nuevas ideas, dice Chwistek, es un acontecimiento que se ha dado en todas las épocas, tanto en las artes como en las ciencias. El tiempo ha de posicionarlas en la historia, legitimarlas. De suerte que, el artista refleja su presente –lo que no significa que sus coetáneos le acepten– y el futuro termina reconociendo su labor, tal y como advirtió el ya citado Apollinaire:

"Los poetas y los artistas determinan al unísono la imagen de su época y dócilmente el futuro se pone de su parte".[2]

Retomando el artículo de Leon Chwistek, podemos afirmar que no se les perdona a los formistas haber comenzado con una ruptura de la forma clásica sin haber antes demostrado sus habilidades en el terreno del arte tradicional, a lo que el autor responde:

"Una cosa es conocer los métodos clásicos y otra diferente es crear gracias a su ayuda. La creación no puede ser forzada ni le podemos dictar sus leyes. Deberíamos disfrutarla sin importar a qué tipo de convención o forma se dé".[3]

---

[1] [Traducción de la autora] En: CHWISTEK, L., "Wrogowie Formizmu i ich psychologia"…*Op. Cit.* (p. 3).

[2] APOLLINAIRE, G., *Meditaciones estéticas...Op. Cit.* (p.25).

[3] [Traducción de la autora] En: CHWISTEK, L., "Wrogowie Formizmu i ich psychologia"...*Op. Cit.* (p. 5).

Deja de manifiesto el desfase entre las propuestas de la modernidad y la academia de pintura, pues esta última impide directamente el desarrollo de la libertad creadora de los artistas del momento, como él. Además, la ruptura no es nada sencilla, más bien al contrario: es más viable permanecer en lo conocido que adentrarse en lo desconocido, como ya advirtió el poeta Przybyszewski, en quien Chwistek se apoya a lo largo de su discurso. Por tanto, la ruptura de la forma es una empresa de riesgo y, ni mucho menos, una cuestión caprichosa como querían ver los críticos de su alrededor, esto es: "los enemigos del formismo".

Concluye Chwistek sintiendo compasión por aquellos que no pueden ver y apreciar lo novedoso, que siguen encerrados en sus sistemas clásicos. El problema, según el autor, se encuentra en ellos mismos: su posicionamiento "psicológico" no está preparado para asumir la modernidad. Termina Chwistek su escrito con lo que, entendemos desde estas páginas, como un ataque directo a su compañero Witkacy:

> "Desgraciadamente, entre nuestras filas también hay gente que sin talento que se esconde en un *demonismo* y un vacío intelectual al que denominan 'la añoranza metafísica'. Sin embargo, ¿qué podemos hacer con ellos? Como es sabido, en este gran mundo todos tienen su sitio, tanto los lacayos como los hijos de los gobernadores".[1]

Los términos "demonismo" y "sentimiento metafísico" son recurrentes en los textos witkacianos, de ahí esta sospecha de ataque directo. No hubo de haber una buena relación entre dos espíritus tan opuestos artística, filosófica y existencialmente como lo fueron Chwistek y Witkacy. Sin embargo, pertenecieron ambos a *Formiści*, lo que demuestra hasta qué punto llegó a ser heterogéneo el grupo y la infinidad

---

[1] [Traducción de la autora]. En: *Ibidem*.

de propuestas de lo moderno que en él se albergaban. Y funcionaron, porque *Formiści,* nada más inaugurar su revista, como vemos, tuvo que publicar un artículo sobre sus, ya viejos y sobradamente declarados, enemigos.

Leon Chwistek vuelve a encabezar con un texto el segundo número de la revista.[1] Esta vez, con un discurso más teórico centrado en las nuevas formas aplicadas en el arte. La tesis principal se basa en el tema de las obras y el papel que éste cumple en ellas. Para empezar, diferencia el autor entre dos grupos en las artes: por un lado, están la música, el arte decorativo y la arquitectura y por otro, la pintura, la poesía y la escultura. La diferencia es, precisamente, el argumento, pues si bien en el primer grupo podemos prescindir de él, en el segundo –siempre según Chwistek– es obligatoriamente necesario. Una nueva propuesta de clasificación de las artes, tema que, como sabemos, ha sido uno de los más trabajados a lo largo de la historia de la estética.

Tras esta clasificación de las artes en base a la necesidad o no de argumento, Chwistek defiende la idea de que éste no ha de por qué tener un papel primordial, al contrario: cuanto más ambiguo y disuelto se presente, mejor, pues solo de este modo permitirá a la forma manifestarse, y es ella la verdadera protagonista. El calado formalista del texto (y, en general, en la filosofía del autor, y por tanto, de *Formiści*) queda patente.

En la segunda parte del artículo advierte las similitudes y diferencias entre el cubismo y *Formiści*: mientras el primero parte de una interpretación de las cosas y crea en sus obras una suerte de mosaico, las propuestas del grupo polaco van más allá, rompiendo con la visión tradicional de las cosas, basándose en la observación de las figuras, haciendo del mosaico, un todo uniforme:

---

[1] CHWISTEK, L., "Formizm", *Formiści,* nr 2, r. 2, Kraków, kwiecień 1920 (p. 2 - 3).

"Los fundamentos que diferencian al cubismo de *Formiści* se pueden formular del siguiente modo. El cubismo no va más allá de la noción natural de los objetos, aspira a una cierta interpretación de las cosas… en el formismo se parte de la noción tradicional de las cosas, haciendo hincapié en el todo que crea el ambiente. Lo original de las obras formistas se basa en que, aunque partan de la realidad conocida de la experiencia cotidiana, no hay un tratamiento en ellas de mosaico, sino que tienden a dotar del máximo de unidad a la obra"[1].

Es decir, *Formiści* aunque aparente tener un carácter más tradicional, realmente significa un paso más allá en la visión y creación de las nuevas formas en el arte, pues tiene en cuenta no solo los elementos, sino la disposición de los mismos en el lienzo o en el espacio.

En este mismo número de la revista, encontramos otro poema de Apollinaire, esta vez traducido al polaco por Tytus Czyżewski y dedicado a Giorgio de Chirico cuyo título es "Océano, tierra" (*Ocean Ziemi*)[2]. Y en la página siguiente, un poema traducido al polaco de Pierre Reverdy[3] por Leopold Zborowski[4]. Encontramos igualmente un poema de este autor que data de 1918 titulado "Amor" (*Milość*)[5], así como su

---

[1] [Traducción de la autora] En: CHWISTEK, L., "Formizm"… *Op. Cit.*, (p. 3).

[2] *Formiści*, nr 2, kwiecień 1920(p. 5).

[3] En: *Formiści*, nr 2…*Op. Cit.* (p. 6).

[4] Filósofo, poeta y marchante de arte polaco emigrado a París que frecuentó los círculos artísticos de vanguardia, que además tuvo contacto con los autores de la denominada *École de Paris*. Fue, por cierto, uno de los primeros marchantes de Amadeo Modigliani, de Utrillo y de Soutine y estuvo en contacto con poetas como Louis Aragon, Max Jacob, Jaroslaw Iwaszkiewicz y Julian Tuwim. En: WIERBICKA, *École de Paris,… Op. Cit.* (p. 52). La colaboración del autor en la revista *Formiści* supone una apertura y contactos importantes desde París.

[5] *Formiści,* nr 2, kwiecien 1920 (p. 11).

poema "Por la noche" (*Wieczorem*) en el siguiente número de la revista[1]. No nos detendremos a analizar el contenido de los versos, simplemente, sirva de ejemplo ilustrativo dicha enumeración como integración de las artes y el papel de la poesía dentro del grupo.

A partir del número cuatro[2], son los escritos de Konrad Winkler los que toman protagonismo, ya que pasó a ser el redactor de la revista. Con el sugerente título "Sin programa"[3], inaugura el autor esta cuarta entrega. Comienza aludiendo a las "mentiras" más reiterativas a lo largo de la historia de la humanidad, siendo esa que se basa en la existencia de un ideal de belleza la que más afecta al arte. La belleza, advierte Winkler, no es única ni se puede condensar en algunas reglas cifradas; por tanto, todas las creaciones que han seguido dichos convencionalismos son, a ojos del autor, "mentiras en el arte".

El público tiende a buscar en las obras figuras que correspondan con la realidad, con el fin de reconocerlas y compararlas en fealdad o belleza con los modelos de la naturaleza, es más:

> "Y al final, todos acuerdan que un par de trazos hechos por Rafael o Rembrandt, tienen infinitamente más valor que cualesquiera de esas exposiciones oficiales actuales, que presentan a personas, caballos y flores... ¿qué sentido tiene todo esto?".[4]

---

[1] *Formiści,* nr.3, kwiecien 1921 (p. 10).

[2] El número tres parece estar unido a este número cuatro. Si no es así, es imposible su localización en las bibliotecas y museos que hemos visitado, de modo que una segunda interpretación podría ser el hecho que no se llegara a publicar.

[3] WINKLER, K., "Bez Programu", *Formiści,* nr 4, r. II, Kraków, kwiecień 1921 (p. 1-2).

[4] [Traducción de la autora] En: WINKLER, K., "Bez Programu"...*Op. Cit.* (p.2).

Contra esa imposición de los cánones ya pasados y los anacronismos es, precisamente, contra lo que lucharon los formistas a través de sus obras y sus escritos, tal y como sucedió en toda Europa. Finaliza de un modo irónico Winkler afirmando que toda la crítica que está en contra de los formistas, en realidad les está haciendo un favor pues:

> "Las críticas malas y negativas pueden ser la mejor publicidad para los artistas… en este sentido, estamos muy satisfechos con las críticas recibidas".[1]

Como conclusión, el autor hace hincapié en la inexistencia del ideal de belleza y al tiempo se percata del valor profético del arte, que responderá a las preguntas que se hace la humanidad antes de que la misma consiga contestarlas. Es, por tanto, una línea de planteamiento idéntica a la que inauguró Chwistek, en la que se denota una conciencia histórica, situando a los artistas en la avanzadilla, asumiendo el riesgo de no ser comprendidos en el presente, pero con el convencimiento de representar proféticamente lo que devendrá el arte posterior. La historia, en pocas palabras, les dará la razón.

El penúltimo número de *Formiści,* cierra sus páginas también con un pequeño escrito de Winkler.[2] Parece ante todo una respuesta a las quejas y protestas en contra del grupo que recibieron de parte del "Círculo de Amigos de las Bellas Artes" de Varsovia (*Towarzystwo Zachęty Sztuk Pięknych*) y que representaban una de las instituciones más conservadoras del momento. Winkler ataca directamente el dudoso gusto de este público que no les comprende y que, sin duda, no es el asistente (o no debiera, al menos) a las exposiciones formistas:

---

[1] [Traducción de la autora] En: WINKLER, K., "Bez Programu"…*Op. Cit.* (p.2).

[2] WINKLER, K., *(B.T.), Formiści,* nr 5, r. II, maj 1921 (p.16).

"Desgraciadamente, el artista contemporáneo se ocupa exclusivamente del desarrollo y construcción de su obra y dichos menesteres le absorben toda su fuerza creativa. De este mismo modo crearon Rafael, Rembrandt, Ingres y todos los que en el arte vieron, ante todo, el misterio de la eterna belleza. Solo que no esa belleza que se ve en los escotes de las mujeres de vida alegre. Los que prefieren este tipo de belleza, en su vejez preferirán las fotografías pornográficas. Ese tipo de público no es el que va a las exposiciones de los formistas.[1]

La ruptura entre los artistas y la crítica parece cada vez más marcada, pero esta situación también afianzó el posicionamiento de nuestro grupo, que obraba y escribía con total seguridad a pesar de las reprimendas. En este mismo número de la revista, encontramos dos poemas de Paul Eluard titulados "La conquista" (*Uwiedzenie*) y "Diversiones" (*Zabawy*)[2], lo que nos demuestra las activas relaciones con Francia.

En el último número de la revista, encontramos de nuevo las declaraciones de Winkler, esta vez realizando un concreto e interesante análisis de las últimas tendencias en el arte de su momento. Comienza, una vez más, lamentando la situación en Polonia del arte y la crítica. Compara la situación con el resto de Europa, e incluso con Rusia o Japón, en donde las exposiciones, salones y publicaciones a favor del arte nuevo se multiplican de modo prodigioso, mientras que:

"En Polonia, anacronismos, apatía, aburrimiento y un extraño espíritu y corazón sin fuerzas que además está

---

[1] [Traducción de la autora] En: WINKLER, K., *(B.T.) ...Op. Cit.*

[2] *Formiści*, nr. 5, maj 1921 (p. 2).

cerrado herméticamente al mundo, de un modo mil veces peor que lo estaba en los años anteriores a la guerra".[1]

Tras esta protesta (casi lamento) el argumento base de este artículo es la distinción entre dos corrientes de arte en la época del formismo: la primera, surgida a raíz del cubismo, se fundamenta en la aplicación de la geometría en la pintura, de un modo más flexible o más ortodoxo según cada artista; la segunda, por otro lado, entronca con el expresionismo y los valores espirituales defendidos por figuras como Kandinsky. Ambas ramas, dice finalmente Winkler, representan estas dos vías que pueden sintetizarse en dos conceptos básicos, la forma y el color:

"El arte contemporáneo se encamina claramente en dos direcciones: la forma y el color, y ambas se dirigen hacia una magnífica síntesis".[2]

Cabría preguntarse –y tal vez afirmar– si el autor interpreta a *Formiści* como esa síntesis en la que se combinan los valores del expresionismo (del que tanto compartieron en un principio) con el debate formalista en sus obras. Desde ese punto de vista, sería *Formiści* una suerte de síntesis equilibrada entre las dos grandes corrientes que, efectivamente y tal como bien intuye el autor, se dieron en el arte de entreguerras e incluso trascendió sus límites temporales.

Llegamos ya al último número de la revista[3], el más suculento en cuanto a contenido gráfico y teórico: en su portada encontramos un grabado en madera de André Derain y en la página siguiente, una obra de

---

[1] [Traducción de la autora] En: WINKLER, K., "Na nowych drogach w sztuki", *Formiści,* nr 6, r. II, Kraków, czerwiec 1921 (p.2).

[2] [Traducción de la autora]. Texto original: "Sztuka współczesna zdąża najwidoczniej w dwu odmiennych kierunkach: formy i barwy, do jakiejś wielkiej syntezy". En: WINKLER, K., „Na nowych drogach w sztuki…*Op. Cit.* (p. 3).

[3] *Formiści,* nr.6, czerwiec 1921.

Pablo Picasso de 1920, sin título, y que representa la figura de un arlequín en un lenguaje que sobrevuela el cubismo y denota a su vez claras reminiscencias del nuevo clasicismo o "retorno al orden". Dos páginas más adelante, un grabado de Norah Borges. Obras que demuestran, como se verá en el próximo apartado, la conexión entre *Ultra* y *Formiści.*

A continuación, encontramos otro poema de Apollinaire traducido por Tytus Czyżewski y titulado *Tyton za dwa sous.* Más adelante, y anunciado como procedente de los círculos alemanes dadaístas, un poema procedente del ciclo "Nube pompa" (*Chmuropompa*) de Jean Arp. También encontramos una reproducción de Archipenko y a su lado, dos poemas de Majakowski y uno de Chlebnikow. Cierra este número que bien podría calificarse como "el canto del cisne", el poema del ultraísta Humberto Rivas traducido al polaco por Tytus Czyżewski y titulado "Océano". Ante todas estas colaboraciones, sobran las palabras. Queda reflejado en las páginas de la revista formista, las ideas de apertura y modernidad de una forma muy consecuente, pues tanto los escritos, como los poemas y las imágenes en ella incluidas reflejan en sí misma una clara unidad: la búsqueda de nuevas formas, su defensa y formulación teórica. Quién podría imaginar que ante este despliegue de nombres, estuviera tan cerca el final del grupo y se tratara, además, de la última entrega de la revista.

Rys.-I. Chwistek.

FORMIŚCI

Proza: Chwistek, Czyżewski, Markous
Poezje: Czyżewski, Jasieński, Młodożeniec, Starzewski, Toms, Wittlin, Zborowski
Rysunki: Chwistek, Czyżewski, Kulenović, Lille, Markous
Rzeźby: Hryńkowski, Pronaszko, Zamoyski
Redakcja: Chwistek, Czyżewski.

Portada del catálogo de la exposición formista por T. Czyżewski.
Varsovia, abril 1920.

ROK II.   CZERWIEC 1921.

ANDRÉ DERAIN.   DRZEWORYT.

FORMIŚCI

ZESZYT 6. (MIESIĘCZNIKA NR. 3).

Portada de la revista *Formiści,* número 6, por A. Derain.
Cracovia, junio 1921.

6

Contactos con el ultraísmo

Cerramos el círculo, llegamos al punto de partida. Como pudo leerse en la introducción, el motivo inicial que alentó esta investigación era el hecho de que existan ciertos contactos entre los grupos *Ultra* y *Formiści*. A esto se le suma el que tres autores de origen polaco tuvieran un papel esencial y determinante dentro del seno del ultraísmo. Y, si bien este último dato ha causado ciertos malentendidos historiográficos –ninguno de estos autores venía de las filas formistas, sino que emigraron antes de que nuestro grupo se fundara–, es el motivo inicial para el arranque de esta investigación y, ciertamente, podemos encontrar paralelismos entre la agrupación polaca y la española: la relación entre ambos grupos es algo que se puede constatar, el papel de los autores polacos en el grupo español es, sin duda, de primera categoría y las similitudes entre ambos, procuran una serie de conclusiones que permiten integrar tanto a uno como a otro grupo de artistas, dentro de la oleada europea del movimiento moderno.

El nacimiento de Ultra

Sobre la génesis de este grupo español, narra Guillermo de Torre en sus *Literaturas europeas de vanguardia*:

"Como una violenta reacción contra la era del rubenianismo agonizante y toda su anexa cohorte de cantores fáciles que habían llegado a formar un género híbrido y confuso, especie de bisutería poética, producto de feria para las revistas burguesas; y superando las tímidas metas de algunos otros poetas independientes, más desprovistos de verdadera sabia original y potencia innovadora, se imponía un movimiento simultáneamente derrocador y constructor. Solo esa idea elemental de ruptura y avance, solo ese deseo indeterminado y abstracto de iniciar una variación de normas, faros y estilos, descubriendo otros arquetipos estéticos y creando nuevos módulos de belleza ya era en principio una solución y un ideal. Y este fue, simplemente, el esgrimido por el grupo ultraísta en el momento de su formación.[1]

Estas palabras que de Torre adjudica al movimiento ultraísta en su vertiente literaria, pueden ser extensibles a la vertiente plástica y a la noción que en su seno se crea de modernidad. De hecho, el estudio de De Torre bien podría compararse al que realizó Winkler[2] en fechas muy cercanas sobre los ismos europeos y el papel que en ellos desempeñó el formismo.

El ultraísmo fue una suerte de catalizador de la modernidad en España. Todo aquél que se unió al arte nuevo pasó por *Ultra* de un modo u otro. Juan Manuel Bonet dice:

"Entre 1918 y 1925, lo principal de la vanguardia española en lengua castellana pasó por el ultraísmo, movimiento

---

[1] TORRE, G. de, *Literaturas europeas de vanguardia… Op. Cit.* (p.73).

[2] WINKLER, K., *Formizm na tle współczesne kierunków w sztuce*, Friedleina, Kraków, 1921.

fundado en Madrid por Rafael Cansinos Assens y cuyo principal activista fue Guillermo de Torre".[1]

Una serie de afortunadas coincidencias en el espacio y el tiempo hacen que en el Madrid de 1918 comience a gestarse uno de los primeros grupos de vanguardia españoles: la confluencia de autores y experiencias artísticas que traen el influjo de la modernidad desde diferentes latitudes a la capital española; Barradas, que llega con su ya cifrado *vibracionismo*[2], el poeta chileno Vicente Huidobro, que trae las noticias de las vanguardias europeas (recibidas con entusiasmo entre los círculos ultraístas)[3], y los hermanos Borges, que aportan la experiencia del expresionismo centroeuropeo.

Todas estas confluencias, casi venidas pareciera que por arte de magia, propiciarán el nacimiento de *Ultra*. Firman su primer manifiesto los autores J. Rivas Panedas, Pedro Garfias, César A. Comet y Guillermo de Torre:

"Declaramos nuestra voluntad de un arte nuevo que supla la última evolución literaria vigente en las letras españolas. Respetando la obra realizada por las grande figuras de esa época nos sentimos con anhelo de rebasar la meta alcanzada por ellas proclamamos la necesidad de un ultraísmo, de un más allá juvenil y liberador. He aquí nuestro lema: ULTRA, dentro del cual cabrán todas las

---

[1] BONET, J. M., *Diccionario de las vanguardias en España* (1907-1936), Alianza Editorial, Madrid, 2007 (p.605).

[2] La figura de Barradas es fundamental también en el concepto de plástica ultraísta, y, por ejemplo, nada más revisar la revista Ultra, podemos comprobar que 9 portadas de sus 24 números fueron grabados de este autor. En este sentido, comparte autoría con nuestro protagonista, Jahl, que realiza 11 portadas, siendo las tres restantes, realizadas por Norah Borges (y ya citadas).

[3] BONET, J.M., *op.cit.*, (p.340).

tendencias avanzadas, genéricamente ultraístas, que más tarde se definirían y hallará su diferenciación y matices específicos".[1]

Ultra aglutinó tendencias divergentes, que lo único que compartían era la libertad creadora y el espíritu de modernidad, caso similar al del expresionismo alemán, el futurismo ruso, el formismo polaco:

"Aspira [el ultraísmo] a condensar en su haz genérico una pluralidad de direcciones entrecruzadas. De ahí que el Ultra se nos presente como el vértice de fusión potente a donde afluyen todas las pugnaces tendencias estéticas mundiales de vanguardia, que hoy disparan sus intenciones innovadoras más allá de los territorios mentalmente capturados".[2]

Se trataba, en otras palabras, y tal y como afirma Eugenio Carmona, de una ruptura con el pasado más inmediato, con la generación anterior, con los progenitores:

"La afirmación ultraísta conllevaba esa ruptura de los cordones umbilicales, ese antagonismo con el pasado inmediato que caracteriza a todo movimiento vanguardista, resumido en la voluntad apollineriana de no querer arrastrar eternamente el cadáver del padre".[3]

---

[1] Citado en: TORRE, G. de, *Literaturas europeas de vanguardia…*Op. Cit. (p. 74).

[2] TORRE, G. de, *Literaturas europeas de vanguardia…Op. Cit.* (p. 75).

[3] CARMONA MATO, E., *El movimiento renovador de las artes plásticas… Op. Cit.* (p. 30).

No es necesario apuntar aquí ya las similitudes compartidas con otros fenómenos de la modernidad europea, incluyendo por supuesto, la formista.

La plástica ultraísta

Si atendemos a los artistas plásticos que formaron parte de *Ultra*, uno de los primeros que hay que mencionar es Norah Borges. Su obra trae consigo la asimilación del expresionismo alemán con algunas gotas de sencillez e ingenuidad que bien podrían asociarse al despertar de las vanguardias en Rusia. Eugenio Carmona afirma sobre las influencias de la autora:

"Expresionismo (…) con cierto grado estructural de origen cubista (…) temas ingenuos de una sensibilidad primaria y directa".[1]

Guillermo de Torre no duda en colocar a Norah Borges en primer plano, junto a Barradas, ambos como representantes de la vertiente plástica ultraica. De Norah, dijo:

"Temperamento delicado, extrarradial, único. Las fibras de su sensibilidad maravillosa son estiletes que marcan el diagrama de sus ondulaciones sensitivas e intelectuales. Dotada de una iridiscente sensibilidad femínea que aspira a conservar sin mixtificaciones geométricas. Su ingenuidad insufla un encantador ritmo lineario a sus composiciones".[2]

---

[1] CARMONA, E., *Picasso, Miró Dalí…Op. Cit.* (p. 35).

[2] TORRE, G. de, *Literaturas europeas de vanguardia…Op. Cit.* (p. 82).

Efectivamente, las obras de Norah son una lección asimilada de modernidad, dulcificada por la pátina de lo ingenuo, dotando a sus composiciones una frescura y ligereza no gratuitas y muy acordes a las tendencias plásticas del momento. Ella, Barradas y Jahl, a mi entender, serán los autores que hagan más que justificado el hecho de afirmar que existió un ultraísmo plástico.

Barradas traerá consigo un lenguaje ya maduro y plenamente asimilado a la hora de ingresar en las filas de Ultra. Su vibracionismo trae una visión de la realidad, que bebía del simultaneísmo y el orfismo. De Barradas dice Guillermo de Torre:

> "Pues Barradas, como se ha dicho de Picasso, es un encantador de objetos. Los pesa, los mide, busca su cuadratura geométrica, su estructura íntima, su raíz sentimental, su disecación linearia, su metáfora en colores".[1]

Polacos en Ultra

Sobre Jahl, escasos son los datos biográficos que se conservan. En las páginas que dedica Bonet[2,] hay una buena cantidad de referencias, pero solo concernientes a su estancia en España. En el diccionario de artistas polacos[3], existen noticias de modo más general, pertenecientes a los periodos anterior y posterior a España (justamente, las franjas no completadas por Bonet). Jahl estudió Derecho en Lvov e Historia del Arte en Cracovia, lo que resulta más que significativo: de las tierras ocupadas por el imperio austro-húngaro, estas dos eran centros culturales que competían con la propia Viena y en las que nuestros artistas se

---

[1] TORRE, G. de, *Literaturas europeas de vanguardia...Op. Cit.* (p. 83).

[2] BONET, J. M., *op. Cit.*

[3] LESZCZYNSKA, U., ZAKRZEWSKA, M., "Jahl, Władysław" en *Słownik Artystów Polskich. Malarze, rzeźbiarze, graficy*, T. III (H – Ki), Wrocław – Warszawa – Kraków – Gdańsk, 1979 (p. 174 - 176).

formaron, vivieron y fundaron el formismo. No hay noticias de los años exactos en los que permaneció en Cracovia, pero claro está que tuvieron que ser entre 1900 y 1912. Lugar y fechas coinciden con el escenario que precedió a *Formiści.*

En 1912 se trasladó a París, donde estudió pintura en la Academia de *Grande Chaumière.* Esta academia fue una de las más frecuentadas por los artistas pertenecientes a la *École de Paris*[1], a su vez, en contacto con los formistas. En la capital francesa permaneció hasta 1914, año en el que se traslada a Madrid con su esposa Lucia Auerbach. Desde 1917 estudió con el maestro Pankiewicz[2]. Además, nos narra Bonet, estuvo en contacto con Tadeusz Peiper, que llegó a Madrid en 1915. En 1918 participa en la exposición de pintores polacos del Ministerio del Estado, donde participaron también el pintor Józef Pankiewicz y su esposa Wanda. Entre 1919 y 1920 parece que vivió en París, y fue alojado en casa de Kisling.[3] Fue director artístico de la revista *Horizonte*, pero no así

---

[1] Sobre este grupo, véase el magnífico trabajo de WIERZBICKA, A., *École de Paris*, Neriton, 2004, Varsovia. En este estudio, la autora, no sin razón, incluye también a W. Jahl como uno de los miembros del grupo parisino que se asentó fundamentalmente en el barrrio de Montparnasse y que conformó uno de los apartados más importantes de la vida de la bohemia de la capital francesa. .

[2] El maestro Pankiewicz residió en nuestro país, concretamente en Madrid, entre los años 1914 y 1919, si bien antes ya había participado en la exposición de pintores polacos organizada por la Galería *Dalmau* de Barcelona. En 1919 regresó a París y cuatro años más tarde a Polonia, donde fue nombrado profesor de pintura de la Academia de Bellas Artes de Cracovia (información obtenida de BONET, J. M., *Op. Cit.*, p. 464). Como sabemos, Pankiewicz será el motor precursor de la agrupación *Kapiści (K.P. Komitet Paryski)*, pues sus miembros eran discípulos suyos en *ASP* de Cracovia que decidieron organizarse para viajar y formarse en la capital francesa. Se trata de uno de los grupos más representativos de la rama del colorismo. Estuvieron en activo de 1924 a 1934 y su actividad se puede dividir en dos grandes etapas: la parisina de formación y la polaca, posterior. (información obtenida de WOJCIECHOWSKA, B., "K. P. – Komitet Paryski" en: *Polskiej Zycie Artystyczny w latach 1915 -1939*, Instytut Polskiej Akademii Nauk, Wrocław, Kraków, Gdańsk, Zakład Narodowy imienia Ossolińskich, 1974 – p. 576 a 578-).

[3] M. Kisling (1891 – 1953) miembro de la ya mencionada *École de Paris*. Fue alumno de Pankiewicz en *ASP* de Cracovia y en 1911 partió hacia París. Fue amigo de Pablo Picasso y Juan Gris, y estudió con E. Zak en la Academia *La Palette*. Expuso en el

de *Ultra* o *Índice* como afirma Wierzbicka, pues en estas revistas, si bien tuvo colaboraciones importantes y aportaciones gráficas notables, no llegó a tener ese puesto en la redacción.

En 1921 él y su esposa abrieron un taller de arte decorativo ultraísta. Al parecer el matrimonio Jahl trabajó en artes tan diversas e integradoras al tiempo como la pintura, el grabado o la decoración. Esto nos lleva a crear un símil: el matrimonio Delaunay, con el que por seguro estuvieron en contacto.

Aunque con lo dicho hasta el momento, no parece haber ninguna referencia hacia los contactos de Jahl con *Formiści,* Guillermo de Torre llegará a calificarlo en la revista *Cosmópolis* como:

"Es un colorista auténtico, un formista polaco con asimilaciones del *simultaneísmo* francés. En la reducción bicrómica que impone la xilografía Jahl realiza bellos grabados donde prevalece el ritmo de los volúmenes. Seducido por las estructuras matissianas, domina la línea sintética y el trazo envolvente que agavilla las espigas lineales. Sus desnudos tienen una severa altitud y el ritmo esbelto de una columna propílea e de una antena telegráfica, según vuestras predilecciones simbólicas".[1]

Esta cita es posterior a la celebración en París de la exposición de los artistas polacos de la Galeria Grillon en 1922, por lo que por un lado parece lícito que Guillermo de Torre, asociara a Jahl con sus compatriotas. Pero ¿ser formista es una cuestión solo de nacionalidad? ¿por qué lo

---

Salón de los Independientes, de Otoño y de las Tullerías e incluso participó en la primera exposición de los formistas en Cracovia en 1917.

[1] Cita reproducida en CARMONA, E., *Picasso, Miró, Dalí...Op. Cit.,* (p.37).

califica así si cuando Jahl abandonó Polonia el grupo formista ni siquiera se había formado?[1]

Si se atiende a lo que la revista *Ultra* produjo, se puede comprobar que de 24 números en total publicados, W. Jahl hizo la portada de 11, y esto sin contar las ilustraciones incluidas en su interior. Entre ellas, es de destacar la única portada reproducida a color: se trata de una estampa y no de un grabado en madera como el resto[2]. Otra de las portadas presenta la doble autoría del grabado entre Jahl y Lucie Auerbach (su mujer)[3]. Los temas más recurrentes son paisajes, apareciendo la figura humana en muchos de ellos, y principalmente, desnudos femeninos. Técnicamente, el grabado en madera se adapta muy bien al estilo de este autor, en el que hay un predominio de la economía de las formas, un tratamiento de los planos en los que no hay intención de marcar los volúmenes y una modulación de la línea con gestos suaves y redondeados. Esta técnica, además, será empleada en general en la revista, de la mano de la artista Norah Borges, quien trajo dicha técnica de su experiencia en Zurich, directamente asimilada del expresionismo alemán. Hay, por tanto, claros puntos de encuentro centroeuropeos.

Si bien la faceta de ilustrador y grabador de la revista es la que más destaca en Jahl, también existe algún que otro ejemplo de testimonio

---

[1] En este sentido habremos de matizar que las palabras de Eugenio Carmona proceden de la interpretación de esa cita de De Torre, y hemos de desmentir la siguiente cita: "Marjan Paszkiewicz y Władysław Jahl ... al poco tiempo ya se encontraban en el 'ambito de actuaciones ultraístas. Ambos artistas provenían del entorno del formismo polaco. Y siendo el formismo un movimiento de síntesis de las primeras vanguardias, su espíritu se avenía perfectamente al del ultraísmo". (CARMONA, E., *Picasso, Miró, Dalí...Op. Cit.*-p. 36-). Obviamente, ninguno de estos autores fue miembro del formismo, aunque sí es muy probable que conocieran el mismo a través de correspondencia y publicaciones. En definitiva, aunque decir que Jahl fue un formista es un dato exagerado y falso, el hecho de comparar formismo y ultraísmo no es tan descabellado, como apuntaremos en las conclusiones al presente artículo.

[2] Véase el número 22 de *Ultra*, publicado el 15 de enero de 1922.

[3] Véase el número 13 de *Ultra,* del 10 de junio de 1921.

escrito. Tal es el caso del artículo "La probidad en el arte".[1] En él, Jahl hace una diferenciación entre el arte anterior y posterior a 1914 y comenta irónicamente el nacimiento prolífico de tantísimos ismos tras la guerra; dice así :

> "se crean ismos y más ismos – piruetismos en realidad,
> para cada nadería".

Jahl defiende el trabajo incesante que hay que realizar en la pintura, para llegar a nuevas fórmulas, haciéndose valer de los materiales propios al pintor y técnicas diversas e infinitas. Aboga por una pintura en el que las formas se han de trabajar, moldear, retorcer, hasta conseguir una nueva visión, todo en función del material y los medios técnicos en los que se desenvuelva. Esta vuelta a los materiales y la técnica, al aspecto puramente formal de la pintura encuadra en discurso de Jahl en una doble vertiente que mira tanto al pasado como a la modernidad, preceptos igual mente seguidos por el expresionismo y *Formiści*.

Es de suponer que W. Jahl estaba al tanto de lo que sucedía en su país natal en materia de arte. Las noticias sobre los formistas quedan reflejadas en la propia revista *Ultra*. Sin embargo, ese calificativo de "formista" que le adjudica Guillermo de Torre al pintor polaco no debiera ser aceptado. Ni Jahl fue formista, ni trajo la experiencia del formismo a España. Se fue de Polonia mucho antes de que los formistas se reunieran y su bagaje artístico procede más de París que de Cracovia o Lvov. No se puede negar la relación que seguro Jahl tuvo con sus compatriotas. Se sabe que en París tuvo contactos con muchos autores pertenecientes a la *École de Paris* (como Kisling o Gwodecki, que a su vez participaron en algunos eventos formistas) y que, por tanto, tuvo un contacto directo e indirecto con la situación artística en Polonia. Pero su nombre no aparece en ninguna de los catálogos, ni revistas ni decla-

---

[1] "La probidad del arte", *Ultra*, n16, 20 de octubre de 1921 (s.p.).

raciones del grupo *Formiści*. Más bien lo que trajo Jahl a *Ultra*, a nuestro entender, fue su origen y formación polacos pasados por una pátina de lo francés.

El caso de Tadeusz Peiper es considerablemente diferente al de Jahl. Para empezar, su labor fue de poeta y traductor, no de pintor. Sin embargo, su papel en la difusión de la pintura moderna en ambos países es de primer orden. Cuando leemos en la revista *Ultra* que han recibido algunos números de la revista *Formiści*[1], esto fue presumiblemente a través de Peiper, pues éste residía en Cracovia y, por tanto, estaría en contacto con ellos. La propia revista (en el número citado anteriormente) lo anuncia así: "Juvenil revista polaca de la que hemos recibido los números 4, 5 y 6. En uno de ellos aparecen poemas ultraístas traducidos de una manera maravillosa por D. Tadeo Peiper, y una reproducción de una madera de Norah Borges. *Formiści* es el órgano de los artistas polacos de vanguardia".[2] Peiper en esta cita, aparece como traductor de poemas, si bien en la revista *Formiści* número 6[3] tan solo hay la traducción del poema de Humberto Rivas *Océano*. En este mismo número de la revista polaca, aparece un grabado de Norah Borges.

Además de estas pruebas fehacientes y objetivas de intercambio artístico y literario entre ambos grupos, encontramos en *Ultra* la recensión de una publicación polaca realizada por Peiper[4] y en el que da a conocer *la teoría de las múltiples realidades* cifrada por Leon Chwistek. Dicha teoría fue publicada en las diferentes entregas de la recién estrenada revista *Maski*[5] en 1918, de modo que las noticias sobre la misma son relativamente recientes y de una importancia primordial.

---

[1] *Ultra*, número 16, 20 de octubre de 1921.

[2] Ibidem.

[3] *Formisci,* rok II, nr. 6, czerwiec 1921.

[4] *Ultra*, número 18, 10 de noviembre de 1921.

[5] CHWISTEK, L., "Wielość rzeczywistości", *Maski*, r. I, nr. 1 (p. 16 - 18), nr. 2 (p. 36-39), nr. 3 (p. 59 - 60) y nr. 4 (pp. 76 - 80), Kraków, 1918.

Peiper, por tanto, no solo contribuyó a la traducción y difusión de las obras literarias y artísticas, sino también estéticas.

El tercer miembro del grupo ultraísta de procedencia polaca y de vital influencia para el grupo español, fue Marjan Paszkiewicz. Llegado a la capital española también en 1918, Paszkiewicz fue una figura destacada dentro del campo de la teoría artística. Fue él, tal y como nos narra el profesor Carmona en su tesis, el encargado de redactar una suerte de manifiesto para la exposición de pintores polacos del Ministerio del Estado y de la que nos informa a su vez el profesor Brihuega[1]. Dice Paszkiewicz:

> "Ritmizar la superficie hasta el máximo de su vida plástica buscando sólo en las cualidades decorativas de los elementos pictóricos leyes de la expresión es separar definitivamente la pintura de las demás artes y fijar claramente la diferencia entre el valor plástico realizado y observado en la naturaleza (…). Libre de toda significación descriptiva y depurado de la valoración del claroscuro hasta alcanzar la radiación simultánea del iris, el color llegó a ser en la pintura el elemento más importante de la construcción plástica de la superficie"[2].

Una declaración de intenciones que parte de la propia experiencia plástica y no se detiene en meditaciones estéticas trascendentales o ajenas a la práctica, sino que se concreta en un interés por los factores objetivos

---

[1] BRIHUEGA, J., *Las vanguardias artísticas en España: 1909 – 1936*, Istmo, Madrid, 1981.

[2] Citado en: CARMONA MATO, E., *El movimiento renovador de las artes plásticas en España. Del momento vanguardista al retorno al orden (1917-1925)*. Tesis Doctoral (UMA 1989), tercer capítulo (p. 72- 73).

e inherentes al arte pictórico. Un discurso que bien puede encuadrarse dentro de una perspectiva tan formalista como moderna.

Pocas noticias de él se tienen en su país natal y las referencias existentes no indican en ningún momento relación alguna con el grupo *Formiści*. Sin embargo, al igual que con Jahl, lo que ocurre con este autor es que evidentemente trae una experiencia de su país, la cual, a nivel teórico, no tenía nada que envidiar a las corrientes estéticas europeas.

Formiści y Ultra

Entre *Formiści* y Ultra se pueden establecer parangones que van más allá de los meros datos objetivos, pues sus fines estéticos ahondan en un mar común en el que se funden los conceptos fundamentales del nacimiento de la modernidad.

Atendiendo a los datos objetivos, se observa que ambos movimientos comenzaron en fechas muy similares. El Ultraísmo, según nos informa Bonet[1] comenzó en 1918 y *Formiści* en 1917. No obstante, la realidad española y la polaca son sustancialmente diferentes, pues mientras la primera quedó en territorio neutral durante la primera gran guerra, la segunda se vio sumida en el conflicto. En España se vivían momentos de paz y neutralidad, y su escena política, aunque inestable, se mantendrá en relativa calma hasta la declaración de la guerra civil en 1936. Más allá de las situaciones políticas (determinantes de un modo más marcado en el caso polaco) se encuentran las situaciones geográficas: mientras España vivía en una especie de isla retirada, Polonia se encontraba en una encrucijada que bien podría tildarse de multicultural.

Desde el punto de vista artístico, el ultraísmo data de 1918 y si se profundiza un poco en la trayectoria anterior de sus protagonistas plásticos, todos traen una experiencia plástica con cierto grado de madurez. En el caso polaco, fue la creación del grupo formista el motor impulsor de tantas y tan diversas personalidades artísticas diferentes que,

---

[1] BONET, J., *Diccionario de las vanguardias en España...Op. Cit.* (p. 605).

aunque con lenguajes ya propios, estaban en un estadio aún de formación y formulación de estilos.

El punto más importante y destacado que tienen en común ambas agrupaciones, en nuestra opinión, es que cumplieron cometidos muy similares: abrieron el camino a la modernidad en sus respectivos países. No revolucionaron el terreno artístico, pero sí lo abonaron para las conquistas posteriores. El grupo polaco, gozó de mayor envergadura, reconocimiento e influencia posterior, además de tener una vertiente plástica mucho más desarrollada que la poética (a la inversa de lo que sucede con el ultraísmo). Pero en ambos hay esa intencionalidad de unión de fuerzas, esa lucha por la liberación contra el pasado y la norma impuesta, esa intuición para la experimentación artística, esa correspondencia de las artes, y esa juventud común a todos sus miembros que dotaba a ambos grupos de frescura y energía.

Finalmente, considerar a los grupos ultraísta y formista como exclusivamente pertenecientes a sus geografías, supondría hacer una interpretación completamente desvirtuada: tanto en uno como en otro: las experiencias traídas por sus miembros venían de diferentes latitudes, y todas ellas –eso sí– compartían las nuevas nociones de modernidad. Sin estas conexiones artísticas procedentes de diversas geografías, no hubiese fraguado ni la plástica en *Ultra* ni en *Formiści*. Por eso, en ambos casos podemos afirmar que ambos generaron una síntesis de la modernidad.

Zbigniew Pronaszko, *Portret Tytusa Czyżewskiego*, "Retrato de Tytus Czyżewski", 1919. Museo Nacional de Varsovia.

Grabado de Norah Borges, interior de la revista Formiśći, número 6.
Cracovia, junio 1921.

Tymon Niesiołowski, *Rybacy*, "Pescadores", 1919. Museo Nacional de Varsovia.

II

Protagonistas

1

Leon Chwistek

Pintor, matemático, lógico y filósofo. Leon Chwistek es uno de los miembros de *Formiści* más polifacéticos y activos entre sus filas, como artista y como teórico. Su figura es conocida y admirada dentro y fuera de Polonia, y es una referencia obligatoria, no sólo en la Historia del Arte sino en el campo de las Matemáticas y la Lógica, en donde desarrolló importantes e innovadoras teorías. En esta reseña, no obstante, aludiremos exclusivamente a la faceta artística del autor. Es necesario destacar en primer lugar la excelente biografía redactada por Karol Estreicher[1], no solo por la información que da sobre el autor, sino también sobre *Formiści*. Aparte del trabajo de Estreicher, Leon Chwistek es analizado en varios textos de naturaleza más amplia o enciclopédica, y que igualmente han servido para reconstruir la presente biografía.[2]

Leon Chwistek nació en Cracovia en 1884. Su padre era médico y su madre pianista y pintora. Vivió, por tanto en un ambiente refinado en el que tanto la ciencia como el arte formaban parte de la cotidianeidad y del

---

[1] ESTREICHER, K., *Leon Chwistek. Biorafia artysty(1884-1944)*, Państwowe Wydawnictwo Naukowe, Kraków, 1971.

[2] Véase: JAKIMOWICZ, I., *Wytkacy, Chwistek, Strzemiński. Myśli i obrazy,* Arkady, Warszawa, 1978, KOSTYRKO, T., *Leona Chwistka: filosofia sztuki,* Inter-Graf, Warszawa, 1995, GRZENIEWSKI, L., B., *Leona Chwistka. Palace Boga,* Państwowe Instytut Wydawniczy, Warszawa, 1979.

entorno familiar. De mano de su madre –que había estudiado en el taller de Matejko– recibió las primeras lecciones de arte y dibujo, así como de literatura, matemáticas e idiomas. Perteneció, por tanto, a una familia relativamente pudiente en la que los valores artísticos e intelectuales primaban. Se crió en un ambiente favorecedor para el desarrollo de ambas visiones intelectualizadas del mundo. Una dualidad entre arte y ciencia que causó brillantes y notables frutos en el desarrollo artístico e intelectual de Leon Chwistek.

Comenzó a realizar sus primeros dibujos a la edad de ocho años. Gran parte de su infancia la pasó en Zakopane: allí, en las montañas Tatra en el sur de Polonia, compartió juegos y cultivó una estrecha amistad con el joven Stanisław Ignacy Witkiewicz. Se podría afirmar, en este sentido, que son los dos formistas que antes se conocieron. Curioso es que siempre se les presente como rivales. Lo que sí está claro, es la infancia y educación tan diferentes que recibieron: mientras que Leon, procedía de una familia burguesa y refinada, en la que los estudios y el saber formaban parte del día a día, Ignacy, por el contrario, venía de una familia de artistas, con costumbres un tanto excéntricas, que no proporcionaron al pequeño estabilidad alguna, ni en los estudios ni en la vida personal. Ambientes que, sin duda, crearon e influyeron en dos caracteres tan diferentes.

Durante los estudios en el instituto, el joven Leon demostró una singular atracción por la Lógica y las Matemáticas, materias que estudiará con avidez. Pero estos intereses no merman su pasión por la expresión plástica y así, en 1902 asiste por vez primera a las clases de dibujo con Mehoffer en la Academia de Bellas Artes de Cracovia. Fue Chwistek, además, quien motivó a su amigo Ignacy Witkiewicz a estudiar con el mismo profesor dos años más tarde. Sin embargo, el inquieto Leon siente que no es suficiente con estos estudios y al año siguiente comienza a estudiar Matemáticas y Física en la Universidad Jagielloński de Cracovia. La "dualidad" del ambiente familiar se cristaliza en la senda de sus estudios y porvenir.

Durante sus años universitarios viajó a diferentes e importantes metrópolis europeas, destacando su periplo en 1905 por Munich, Berlín, París y Praga. Estancias que revelan el hecho de que el artista dominara varios idiomas y, en consecuencia, que ampliara sustancialmente sus conocimientos. Fue un estudiante hábil y despierto que se preocupó desde su más temprana juventud por cultivarse tanto en el reino de la abstracción matemática como en el de la pintura y el dibujo. Y esto tendrá sus consecuencias en su producción pictórica y teórica posterior.

El intervalo que va de 1907 a 1911 –desde los 23 a 27 años– está caracterizado por una frenética labor pictórica del autor, cuyos referentes estilísticos continúan siendo las líneas secesionistas con representaciones simbólicas, estilo imperativo en la academia. Será, además en esta época, cuando termine los relatos del "Cardenal Poniflet",[1] comenzados años atrás, de temática erótica e incluso tintes pornográficos. Las inquietudes artísticas e intelectuales del autor, se manifestaron en muy diversos modos, llevándole a la composición literaria, con ciertas intenciones de provocación. Una vez más, se podría ver aquí un paralelismo en la producción literaria de su amigo Witkacy, pues esta visión de la sexualidad, de la provocación y estas licencias narrativas, pueden observarse tanto en los relatos de Chwistek como en los witkacianos. Suficiente es con leer *Las 622 caídas de Bungo o la mujer diabólica* de Witkacy[2], para comprobar que la temática erótica predomina en el escrito y en donde, además, aprovecha el autor para caricaturizar sin piedad y

---

[1] *Kardynał Poniflet,* cuento del autor escrito en 1906 y publicado en 1917. Está recogido en BOHDAN GRZENIEWSKI, L., *Leona Chwistka Palace Boga,* Państwowy Instytut Wydawniczy, Warszawa, 1979.

[2] *Las 622 caídas de Bungo o la mujer diabólica,* traducción de Josep M. de Sagarra, Destino, Barcelona, 2002. En dicho libro podemos encontrar la caricatura literaria de un Leon Chwistek retratado con mordacidad por Witkacy a través del personaje Baron Brummel de Buffadero- Bluff. Igualmente, en sus páginas podemos adivinar ya el denso entramado narrativo de un joven Witkacy, en el que se intercalan los pasajes de narración cercanos al surrealismo, con momentos de reflexión filosófica y estampas variopintas, comprometidas y provocadoras de la sociedad de su tiempo.

sirviéndose de tremendas ironías a su compañero de infancia, Leon Chwistek.

Desde 1909 Leon Chwistek trabaja como profesor de instituto en Cracovia, impartiendo clases de Matemáticas y Lógica. Citamos aquí las palabras del profesor doctor Macudziński, que fue su estudiante y así lo retrata:

> "Era un hombre de gran inteligencia y saber enciclopédico, con los que sabía despertar el interés de sus estudiantes. Sus clases no eran aburridas, pues no se atenía al programa ni utilizaba manuales. En sus discusiones tenían lugar no solo los temas de su asignatura, sino también de la literatura, el arte e incluso la plástica y el teatro"[1].

Se suceden los viajes al extranjero: en 1908 visitó Heidelburg, en 1909 de nuevo Berlín, al año siguiente Venecia y Viena, y en 1912 viaja a París y Florencia. En París estuvo disfrutando de una beca para ampliar sus estudios sobre Física en la Universidad de la Sorbona, que compagina asistiendo a las clases de la academia *La Palette* –estrechamente unida al círculo de la *École de Paris*–. En la capital francesa se codeará con los círculos artísticos más comprometidos, conociendo a Picasso y teniendo una estrechísima amistad con el español Ortiz de Zárate. Será allí además, donde conocerá y se enamorará de Olga Steinhaus, su futura esposa.

Leon Chwistek viajó a tres países fundamentales en momentos cruciales para el nacimiento de la modernidad: son los años de nacimiento del cubismo y sus primeras sistematizaciones teóricas en Francia[2], es cuando se redefine el concepto de expresionismo en Alema-

---

[1] [Traducción de la autora En: ESTREICHER, K., *Leon Chwistek. Biografía artysty(1884-1944)*, Państwowe wydawnictwo naukowe, Kraków, 1971 (p. 48).

[2] En 1912, no lo olvidemos, se publica el libro de Gleizes y Metzinger *Sobre el Cubismo*, que será citado por los propios formistas en varios de sus catálogos.

nia y el futurismo en Italia comienza a hacer eco a nivel internacional. En 1914 Chwistek ha de volver repentinamente a Zakopane tras recibir la noticia del suicidio de la prometida de su amigo Witkacy. Este mismo año estalla la guerra y el joven Chwistek tuvo que servir al ejército, aunque por poco tiempo debido a sus problemas de visión. En 1916 se instala en Cracovia y se casa con Olga Steinhaus.

En 1917, año en el que se celebra la primera exposición de los "Expresionistas Polacos", Chwistek no participará en los preparativos de tal evento sino que será invitado por Zbigniew Proznaszko, presentando diez obras inscritas en un momento en el que su estilo se iba perfilando tras un periodo de influencias diversas. Meses después –en la misma revista y el mismo número en el que Z. Pronaszko escribirá su famoso artículo "Sobre el expresionismo"– publicará su primera entrega de la teoría de las "múltiples realidades", analizada en el capítulo quinto de este libro.

El artista participó en cada una de las exposiciones que celebró *Formiści*, e igualmente cumplió un papel fundamental en la escuela de arte liberal de Zakopane. La colaboración de Chwistek con *Formiści* tuvo la misma duración que la del propio grupo. De hecho, fue él mismo quien dictaminó la muerte del grupo en 1922, y lo hizo con palabras tan tajantes como estas: "El grupo formista ha dejado de existir"[1].

En lo que atañe a su aportación plástica, quisiera destacar aquí su personal visión del cubismo, del orfismo y –en parte– del futurismo, así como sus temáticas tan variadas como neutras, que van desde los sujetos más clásicos de la historia de la pintura –retratos y escenas mitológicas–, llegando hasta las más modernas –sus visiones de la ciudad, de calles, o de escenas dinámicas como los combates de esgrima, deporte que él mismo practicó–. Igualmente es necesario resaltar aquí su tratamiento del color en planos contrastantes de tonos fríos y cálidos, separados por

---

[1] CHWISTEK, L., *Tytus Czyżewski a kryzys formizmu,* Gebethner i Wolff, Kraków, 1922.

líneas sinuosas y serpenteantes, dotando a sus composiciones de dinamismo y voluptuosidad.

Una vez disuelto el grupo, Leon Chwistek continuó su camino, ampliando sus teorías en Filosofía, Lógica, Matemáticas y Pintura, así como ejerciendo la carrera docente en diferentes universidades. Obtuvo la plaza fija en la cátedra de Lógica y Matemáticas en la Universidad de Cracovia en 1928. Dos años más tarde, se trasladará a la Universidad de Lvov. Pictóricamente, cifrará el estilo denominado *Strefizm* (de la palabra *strefa*, "zona" en polaco) y posteriormente en *Motywizm* (de *motyw*, "motivo"). El periodo formista, además, significó mucho para su producción posterior, en la que cifra estos estilos, cuyas primeras improntas ya quedan insinuadas en las obras que produjo durante el periodo formista. En 1943, se trasladó a Moscú, donde morirá un año más tarde, a la edad de sesenta años.

Leon Chwistek, *Salamandry*, "Salamandras", 1921.
Museo Nacional de Varsovia.

2

Tytus Czyżewski

Es uno de los cofundadores de *Formiści*. La personalidad y producción artística de Czyżewski ha despertado el interés de varios historiadores, siendo su figura objeto de estudio en diversos monográficos. De entre ellos, cabe destacar realizado por Joanna Pollakówna en 1971[1] y en el que nos hemos basado para reconstruir la etapa anterior a *Formiści*. Igualmente, destacamos el que trata de afrontar la figura del artista desde una doble vertiente: la poética y la pictórica, y que data de 2006.[2] Finalmente, y esto solo mencionando los monográficos, quedaría por nombrar la pequeña biografía publicada por Stanisław Stopczyk[3] en la que podemos consultar los datos más relevantes de su trayectoria vital y artística.

Nacido en una pequeña localidad cercana a Limanow, recibió desde sus primeros años el impacto de los colores vivos y alegres del ambiente natural que le rodeaba, así como del arte folklórico de la región donde vivía. Ambos aspectos –color y folklore– se aúnan y caracterizan la obra del autor desde sus primeros pasos en la creación, debido a la fascinación que en él ejercieron desde su niñez.

---

[1] POLLAKÓWNA, J., *Tytus Czyżewski,* Wydawnictwo RUCH, Warszawa, 1971.

[2] SOCZYŃSKA, A., *Tytus Czyżewski: malarz, poeta,* Wydawnictwo Neriton, Warszawa, 2006.

[3] STOPCZYK, S., *Tytus Czyżewski,* Krajowa Agencja Wydawnicza, Warszawa, 1984.

En 1902, a la edad de 22 años, se traslada a Cracovia para estudiar Bellas Artes en el taller de Mehoffer, para luego hacerlo con Unierzyski y Wyczółkowski, lo que significa que coincidió en estas lecciones de pintura con algunos de sus futuros compañeros formistas, como Tymon Niesiołowski, Leon Chwistek y Witkacy. Dado el carácter exclusivo de los estudios de Bellas Artes, difícil resulta aceptar que no se conocieran entre ellos desde entonces. Por este motivo, resulta poco creíble la afirmación de Tytus Czyżewski en 1938, en la que bromea sobre el momento en el que, según él, conoció a Leon Chwistek (en 1917, invitado por los hermanos Pronaszko), y en la que el autor se asombra de que alguien tan serio e impecable, fuese finalmente "un pintor más" y no un rico mecenas.[1]

Otro hecho determinante en la vida de Czyżewski será su primer viaje y estancia en París, en 1908. Allí permaneció un año y sin duda hubo de conocer a los círculos más modernos, pues en muy tempranas obras del autor podemos denotar ciertas influencias cubistizantes. A su vuelta, en 1910 tiene lugar su primera exposición individual y a partir de ese momento, se suceden las exposiciones en colaboración con otros artistas, destacando aquí las realizadas en el "Salón de los Independientes" cracoviano (*Salon Niezależnych*), donde también expusieron los hermanos Pronaszko en los años 1911, 1912 y 1913. En este último año, el artista viaja por un corto periodo de tiempo a la capital austriaca, recordemos, imperio bajo cuyo gobierno se hallaba Cracovia.

En 1915 comienza a realizar sus primeras obras *wielopłaszczyzne*, es decir "multifacetadas", en las que juega con texturas y valores escultóricos en la pintura, incluyendo materiales diversos en el cuadro, realizando una suerte de *collage* con volúmenes escultóricos en los que los motivos se solapan y encuentran en un mismo plano, obras todas ellas desaparecidas y que tan solo podemos juzgar a través de pobres

---

[1] CZYZEWSKI,T., "Mój Formizm", *Głos Plastyków* nr 8 – 12, Kraków 1938 (p. 11-14).

documentos fotográficos en blanco y negro. En 1916 funda junto a los hermanos Pronaszko la "Sociedad de los Modernos Radicales", la protohistoria de *Formiści*. No parece haber quedado documentación al respecto, exceptuando la noticia de la fundación narrada por él mismo en 1938.[1] De modo que la colaboración con los hermanos Pronaszko venía de años anteriores y cristalizará finalmente con el grupo formista, primero denominado "expresionista polaco", en 1917. Czyżewski trajo a *Formiści* su experiencia de los años parisinos, la propuesta de sus obras "multifacetadas", así como su particular combinación de modernidad y arte popular. Creó, incluso, poesía formista, recogida en la publicación "Ojos verdes, mirada eléctrica, poesía formista"[2] de 1920. Asimismo colaboró en la revista *Formiści* y fue fiel al grupo aún en las actuaciones más alejadas en el tiempo, como la de Varsovia organizada por Konrad Winkler en 1927. Participó igualmente en la encuesta de *Głos Plastyków* en 1938,[3] analizada en el segundo capítulo de este libro.

Tras su vinculación a *Formiści,* continuó por un camino –casi una suerte de corriente en la Polonia de los 20– seguido igualmente por algunos de sus compañeros de grupo, el del "Colorismo". Se le relaciona con el grupo *Kapiści*, integrado por un grupo de jóvenes estudiantes de la Academia de Bellas Artes de Cracovia que formó un comité para viajar a París y allí estudiar los colores de la pintura francesa. De hecho, el propio Czyżewski marchó de nuevo a París y su nombre aparece entre los participantes en el "Salón de los Independientes" así como en el de las Tullerías en el año 1926 de la capital francesa.[4] Su estilo continúa

---

[1] CZYŻEWSKI, T., "Mój Formizm", *Głos Plastyków* nr 8 – 12, Kraków, 1938 (p. 11-14).

[2] CZYŻEWSKI, T., *Zielone oko, poezje formistyczne, elektryczne wizje*, Gebethner i Wolff, Kraków, 1920.

[3] "Mój Formizm", *Głos Plastyków* nr 8 – 12, Kraków 1938 (p. 11- 14).

[4] BARTNICKA- GÓRSKA, H. y SZCZEPIŃSKA – TRAMAR, J., *W poszukiwaniu światła, kształtu i barw. Artyści polscy wystawiający na Salonach paryskich w latach 1884-1960,* Neriton, Warszawa, 2005.

experimentando con el color y sus contrastes. En su vertiente literaria, destaca igualmente su colaboración con el grupo *Zwrotnica*, fundado por el poeta Tadeusz Peiper, que volvió a su país tras su estancia en España. Las exposiciones del autor se suceden, en una mayor parte en Polonia, aunque también alguna en el extranjero. Un hecho que llama la atención, es el cambio en la paleta del autor hacia tonos tierra y pálidos a partir de los años 30, dejando a un lado la viveza colorística de su obra anterior. Sus figuras se insertan en el cuadro, con fondos completamente colmados de *horror vacui* a base de arabescos que se extienden por la superficie del lienzo. No podemos olvidar la influencia que tuvo España –donde residió– en el artista, destacando su fascinación por la figura del El Greco y los temas nacionales, interpretados desde un prisma grotesco e irónico. Los años de la Segunda Guerra Mundial los pasó por completo en Varsovia, la ciudad más castigada por la guerra de toda Europa. Al terminar, y coincidiendo con la insurrección de la ciudad, se trasladó a Cracovia, a un apartamento cercano al que ocupó durante sus años de juventud. Allí morirá en 1945.

Tytus Czyżewski, *Zbójnik*, 1917-18. Museo Nacional de Varsovia.

3

Jan Hryńkowski

Escasas son las referencias bibliográficas sobre este autor, a pesar de enfrentarnos a una de las figuras más asiduas y de mayor calidad del grupo *Formiści*. Algunas notas biográficas se hallan en el catálogo de *Formiści* de Irena Jakimowicz,[1] pero las reseñas más específicas y documentadas pueden encontrarse, sin embargo, en el catálogo a la exposición monográfica dedicada al autor y celebrada en Varsovia en el año 2000[2] y en algunos artículos posteriores. Si se atiende a la participación del autor en las exposiciones y revista del grupo, se puede corroborar que el papel de Jan Hryńkowski dentro de *Formiści* fue de relevancia y su inclusión en esta primera línea de autores queda más que justificada. No sin motivos, este artista fue calificado como "el último formista".[3]

Jan Hryńkowski siempre defendió la libertad creadora y perteneció a grupos que defendían dichas ideas, tales como los "Expresionistas Polacos"–posteriormente *Formiści*–, así como agrupaciones artísticas de ideologías similares y fundadas posteriormente, como *Jednoróg* ("Unicornio") y *Rytm* ("Ritmo"). Su obra abarcó numerosos campos:

---

[1] *Formiści,* Muzeum Narodowe w Warszawie, Warszawa 1989. Catálogo de la Exposición.

[2] *Jan Hryńkowski,* Galeria Sztuki Współczesnej Zachęta (Warszawa), Muzeum Śląskie (Katowice) y Żydowski Instytut Historyczny (Warszawa), Warszawa, 2000.

[3] MADEYSKI, J., "Ostatni formista", *Życie Literackie*, nr. 8, Kraków, 20 – 02- 1966.

pictórico, gráfico, literario y escultórico. Y es que, la correspondencia de las artes fue algo que no solo se dio en el seno de *Formiści*, sino que algunos de sus autores la experimentaron en su propio quehacer. Las aportaciones escultóricas del autor merecen ser destacadas porque hasta la fecha solo se habían considerado los trabajos de August Zamoyski y Zbigniew Pronaszko. Esto se debe a la falta de información, pues solo existen pruebas fotográficas ya que su legado escultórico desapareció por completo. Sin embargo, en el catálogo de *Formiści* de 1985 se pueden encontrar tres pruebas de su existencia: dos bocetos para escultura y una fotografía de una escultura datada en 1913.[1] Asimismo, algunos ejemplos de su producción poética los podemos encontrar en catálogos de exposición de los formistas o en la revista del grupo.[2]

Jan Hryńkowski nació en Zelechow en 1891, cerca de Lvov (actual Ucrania). Sobre su infancia y ambiente familiar no se han encontrado noticias. En 1909, cuando tenía 18 años, comenzó la carrera de Bellas Artes en Cracovia, estudiando Pintura Decorativa con Dębicki, Pintura y Dibujo con Pankiewicz –quien ejercerá una influencia visible en su obra posterior– y Escultura con Laszczki. Fue allí donde conoció y entabló una amistad duradera con los artistas Mojżesz Kisling,[3] Szymon

---

[1] Catálogo de la exposición celebrada en el Museo Nacional de Varsovia en 1985 y publicado en 1989 bajo la dirección de Irena Jakimowicz bajo el título *Formiści*.

[2] Podemos encontrar los versos del autor en el catálogo a la III exposición de *Formiści* en Cracovia de septiembre a octubre de 1919 organizada por el "Círculo de Amigos de las Bellas Artes" *TPSP*. Asimismo, colaboró con las revistas *Maski*, *Formiści* y *Zdrój* donde se publicaron escritos, grabados y dibujos suyos.

[3] Mojżesz Kisling (Cracovia, 1891- Sanary – sur – Mer , 1953). De 1907 a 1911 estudió Bellas Artes en Craovia con Pankiewicz, de modo que fue compañero de estudios de Hrynkowski. En 1910 viajó a París, a donde se trasladó definitivamente en verano del siguiente año. Estableció contacto con Pablo Picasso y Juan Gris, con los que viajó a Ceret en 1912 y 1913. Fue alumno de Eugeniusz Zak en la *Academie la Palette*. En 1916 estuvo en España, en donde ya se encontraban sus compatriotas Jahl, Peiper y Paszkiewicz y su amigo Zawadowski. Participó en la primera exposición de los Expresionistas Polacos en Cracovia en diciembre de 1917. Igualmente participó de modo asiduo en los salones parisinos de Otoño, de los Independientes y de las Tullerías. En su oba se denotan influencias de Cézanne, del cubismo y del fauvismo. A

Mondzain[1]* y Wacław Zawadowski,[2]* autores que pertenecieron a la llamada *École de Paris*.[3] Terminó los estudios y recibió una beca para ir

---

partir de 1916, parece reconducir su obra hacia tendencias más realistas bajo la inspiración de Modigliani, autor asociado también a la *Ecole de Paris*. [Información obtenida de: WIERZBICKA, A., *École de Paris*, Neriton, Warszawa, 2004 –p.. 229 – 231-].

[1]* Szymon Mondzain (Mondszajn en polaco). Nació en Chełm (Polonia) en 1887 y murió en París en 1979. En 1905 comenzó los estuios de Bellas Artes en Varsovia y en 1908 recibió una beca para estudiar en Cracovia, bajo la dirección de Pankiewicz y Axentowicz , por lo que constatamos que fue compañero de estudios de Kisling y Hrynkowski. Entre 1909 y 1911 viajó con frecuencia a París, a donde se trasladó definitivamente en 1912. Participó activamente en la vida artística parisina, prueba de ello es que entabló amistad con André Derain, Max Jacob, Guillaume Apollinaire, Pablo Picasso y André Salmon, entre otros. A partir de 1925 comenzó a viajar frecuentemente a Algeria, donde se refugió durante toda la II Guerra Mundial. Fue colaborador asiduo en los Independientes, Otoño y Tullerías parisinos. En su país de origen se le dedicaron exposiciones monográficas conmemorativas, como las celebradas en Varsovia en los años 1992, 1996, 1997 y 1999, así como en Cracovia en 1998 y 2001. [Infomación obtenida de: WIERZBICKA, A., *École de Paris*, ...*Op. Cit.* , p. 266 -268].

[2]* Jan Wacław Zawadowski, llamado o conocido como "Zawado" (Wołyniu, Polonia 1891 – Aix – en – Provence 1982). Comenzó los estudios de Bellas Artes en Cracovia en 1909 con Pankiewicz, donde conoció a Kisling, Hrynkowski y Mondzain. En 1912 viajó a París pasando por Viena y Venecia. Un dato que nos llama poderosamente la atención y que tendremos en cuenta para posibles investigaciones ulteriores, es que este autor vivió en España durante los años de la I Guerra Mundial, y allí entabló amistad con el matrimonio Delonay, con el pianista y compatriota Artur Rubistein y, seguramente, a través de este, conoció también al compositor gaditano Manuel de Falla. En 1918 participó en una exposición junto a Jahl y al matrimonio Pankiewicz en Madrid. Por tanto, este autor puede suponer uno de los lazos y explicaciones del contacto que hubo entre los formistas y ultraístas. En 1919 volvió a París, alojándose en el barrio de Montparnasse. Fue amigo de Max Jacob, Marc Chagall, Chaim Soutine y Jules Pascin. De 1938 a 1940 fue el director de la escuela afiliada a la Academia de Bellas Artes cracoviana en París. Expuso en los salones parisinos y también en Polonia. Fue miembro del grupo *Jednoróg*, fundado por Jan Hryńkowski en 1925. Su obra tiene claras influencias del post impresionismo, del orfismo de Robert Delonay y del colorismo de Cézanne. [Información obtenida de: WIERZBICKA, A., *École de Paris*, ...*Op. Cit.*, p. 315 – 316].

[3] La Galeria Zachęta de Varsovia, en el año 2000 organizó una exposición dedicada a estos autores. El catálogo, ya citado, ha sido empleado aquí como una de las fuentes fundamentales para la reconstrucción de los pocos datos que se tienen sobre este autor. Destaca entre ellos esa amistad que les unió a pesar de la distancia, pues, aunque tres de ellos residían en París, nuestro protagonista, solo estuvo en estancias cortas en la capital

a París, pero estalló la guerra y tuvo que abandonar sus planes para alistarse en el frente. Una vez finalizada la guerra, el artista volvió a la creación y formó parte activa de la vida artística cracoviana. Se unió al grupo *Formiści* desde su fundación y su obra se publicó también en las revistas *Maski, Zdrój* y *Formiści*, asociadas al grupo. De las 18 exposiciones que seguro que realizó el grupo, se puede afirmar que este autor participó en al menos 11, y posiblemente lo hizo en muchas más ocasiones aunque no sea posible constatar por falta pruebas fehacientes (ya comentamos la imposibilidad de localizar los catálogos de muchas de las exposiciones del grupo).

En 1921 viajó a París, donde estudió en la academia de André Lhote en Montparnasse, una de las más frecuentadas por los artistas extranjeros con sed de innovación.[1] Allí se reencontró con sus amigos Kisling, Mondzain y Zawadowski. Según nos informa Magdalena Tarnowska[2], en 1924 participó en algunas exposiciones en el extranjero, en ciudades como Praga, Estocolmo o Helsinki. En 1925 fundó el grupo *Jednoróg* (*"Unicornio"*), agrupación artística a la que pertenecieron también Kowarski, Rubczak y Zawadowski y que tuvo una vida bastante duradera (de 1925 a 1935). Continuaron con la defensa de la emancipación del arte

---

francesa, a pesar de lo cual mantuvo una intensa correspondencia e intercambio artístico con sus compañeros.

[1] En GREEN, C., *Arte en Francia 1900-1940*, Cátedra, Madrid, 2001, en las páginas 124 y 125, encontramos interesante información sobre las academias y la participación en ellas de artistas extranjeros. Asimismo, Green afirma páginas más adelante (181) sobre Lhote: "(…) pudo aludir a un nuevo tipo de cubismo que denominó ´priorismo´, un cubismo que aspiraba a alcanzar una esencia que se creía que estaba en las cosas antes y más allá de la creencia empírica, es decir, el ´a priori´ sintético kantiano". Cita que demuestra que la formación de este y otros autores que pertenecieron al grupo formista, bebieron en primera persona las innovaciones plásticas y teóricas asociadas al denominado por el mismo Green como "cubismo de salón", así como manifiesta que las teorías kantianas que enganchan con las ideas formalistas de principios del s. XX no fueron ignoradas por los artistas pertenecientes a *Formiści*.

[2] *Jan Hryńkowski*, Galeria Sztuki Współczesnej Zachęta (Warszawa), Muzeum Śląskie (Katowice) y Żydowski Instytut Historyczny (Warszawa), Warszawa, 2000 (p.25).

frente a la imitación de la naturaleza. Organizaron numerosas exposiciones tanto dentro como fuera de Polonia y estuvieron siempre en el terreno de juego en los momentos de enfrentamiento entre los artistas y las asociaciones tradicionales. Prueba de ello es que formaron parte del boicot declarado a TPSP ("Círculo de Amigos de las Bellas Artes") en 1927, según nos informa B. Wojciechowska[1]. También Hryńkowski fue miembro del grupo *Rytm* y del *IPS* (*Instytut Propagandy Sztuki* – "Instituto de Propaganda del Arte"–), en activo desde los años treinta. Su carrera siempre estuvo dedicada, por tanto, al arte en exclusiva, y quiso defender los postulados de mayor modernidad en la expresión plástica. En su producción, además, podemos observar que, no solo fue uno de los formistas que mejor asimiló los lenguajes de la modernidad, sino que su obra es una de las que goza de mayor calidad entre los miembros del grupo.

Al igual que Andrzej Pronaszko, se dedicó en años posteriores a la escenografía, pues en los años 30 nos llegan noticias sobre su trabajo en el teatro Słowacki de Cracovia. En estos mismos años, siguieron sucediéndose los viajes a París, que influyeron notablemente en su paleta, la cual se decantó por fuertes contrastes, y dando a la composición un papel de primer orden en sus cuadros. Tras la ocupación y la II Guerra Mundial, su pintura no se vio alterada en exceso: ni quiso denunciar los desastres de la guerra, ni las conquistas del nuevo arte hicieron mella en su producción. Lo que sin duda tuvo una fuerte influencia en su obra fueron los años de formación con el maestro del colorismo Pankiewicz, las primeras luchas por la libertad creadora en los años de *Formiści,* así como las investigaciones pictóricas con soluciones plásticas en una línea marcadamente picassiana.

---

[1] WOJCHIECHOWSKA, B., "Jednoróg", en: WOJCIECHOWSKI, A. (Pod. Red.), *Polskie życie artystyczne…Op. Cit.* (p.583).

Jan Hryńkowski, *Winda i ja*, "El ascensor y yo", 1917.
Museo Nacional de Varsovia.

4

Tymon Niesiołowski

Se puede considerar a Tymon Niesiołowski como uno de los miembros principales de *Formiśći*, aunque en su trayectoria observamos que fue un artista de formación y carrera poco comprometida con la modernidad. Su obra, si bien nunca despertó polémica alguna, sí que llamó desde épocas muy tempranas la atención de críticos y artistas.

En este sentido, se podría afirmar, por tanto, que fue uno de los miembros de *Formiśći* representante de la opción moderada. Como se verá más adelante, su colaboración con *Formiśći* fue bastante asidua y no solo se redujo a la mera participación en las exposiciones. Para la presentación de este autor, nos basaremos principalmente en la completa, rigurosa y relativamente reciente biografía escrita por Malgorzata Geron.[1]

Nacido en 1882 en Lvov, Tymon Niesiołowski estuvo en contacto con la Literatura y la Filosofía desde su infancia. En parte, este acercamiento fue propiciado por su madre, que era lectora asidua de autores como Dickens, Zola, Hugo e Ibsen, así como del filósofo alemán Schopenhauer. También gozó de un temprano contacto con el arte, pues en su ciudad natal se celebraban exposiciones de pintura con regularidad y se organizaban actos culturales que rivalizaban con la mismísima

---

[1] GERON, M., *Tymon Niesiołowski,* Neriton, Warszawa, 2004.

Cracovia. Vivía, pues, en un ambiente cosmopolita, favorecedor de la vida cultural y en el seno de una familia que le rodeó de conocimiento y pasión por las artes desde su más tierna infancia.

Con 18 años comenzó sus estudios en Cracovia. Su entrada en la Academia de Bellas Artes coincidió con la reforma de Falat, que favoreció un mayor acercamiento entre profesores y alumnos, propiciando una producción más genuina y reflexiva entre los estudiantes. Su primer profesor fue Mehoffer, quien le enseñó la técnica del dibujo. Es posible, entonces, que coincidiera en el taller de este maestro con otros compañeros futuros formistas, como L. Chwistek, Witkacy o T. Czyżewski. Niesiołowski también estudió en los talleres de Teodor Axentowicz y Wyspiański, considerando a este último como su verdadero maestro. Efectivamente, esta influencia del maestro en Niesiołowski se denota en la atmósfera decorativa y secesionista que inunda sus obras.

En 1903 participó en la exposición de la sociedad de artistas plásticos *Sztuka,*[1] sociedad de la que eran miembros muchos de los profesores de Bellas Artes, y que mantuvo unas líneas de cierto tradicionalismo, si bien también supo apoyar el trabajo de nuevos y prometedores jóvenes, como es el caso de este autor. De modo que estos comienzos para el artista auguraron un camino bien apadrinado, ya que el exponer en los salones de esta sociedad significaba también gozar de un cierto nivel, casi de una cierta posición en la élite artística cracoviana. Este mismo año, además, Niesiołowski comenzó su colaboración con la recién publicada revista satírica titulada *Liberum Veto*, en la que participó como ilustrador, mostrando en sus aportaciones plásticas una clara influencia de la estilización secesionista, el simbolismo y el decadentismo. Igualmente participó en la revista artística literaria varsoviana *Chimera*, en cuyo número 27 aparecieron tres obras del autor con reminiscencias a la

---

[1] BARANOWA, A. (pod red.), *Stulecie towarzystwa artystów polskich 'Sztuka'*, Universitas, Kraków, 2001.

estética de Gustav Klimt y ciertos ecos del noruego Edvard Munch. En definitiva, estas primeras manifestaciones plásticas del autor lo relacionan directamente en una línea más dentro de la estética de fin de siglo que del arranque del nuevo siglo.

En 1905 el artista se traslada con su familia a Zakopane, la misma ciudad en donde se conocieron de niños Witkacy, Chwistek y Malinowski, y la misma ciudad en la que coincidirán algunos de nuestros artistas durante la Primera Guerra Mundial. Allí rápidamente se aclimatará e integrará en la vida artística y literaria, colaborando en la biblioteca pública de la ciudad. Tiempo más tarde, realizará un viaje por Italia que tendrá una influencia decisiva en el tratamiento de la temática mitológica en su obra.[1] Su estancia en Zakopane, además, le dio la oportunidad de contactar con el maestro Ślewiński, gracias al cual el artista conoció el arte francés de fin de siglo y el postimpresionismo.

Cabe destacar en este periodo anterior a *Formiści*, la colaboración del autor con el "Grupo de los cinco", con los que expuso en 1906 en Cracovia,[2] en Colonia al año siguiente y en Viena en 1908. Igualmente, formó parte de dos asociaciones pioneras en la defensa del arte folklórico de las montañas Tatra, los grupos *Sztuka Podhalanska* ("Arte de Podhale") y *Kilim*, fundados ambos en Zakopane en 1909 y en cuyas filas se encontraban autores como Skoczylas (colaborador posterior de *Formiści* y coleccionista de piezas de este arte popular) y Stanisław Witkiewicz (padre de Ignacy, el también futuro formista). Hecho que merece ser destacado, pues, como ya sabemos, los formistas prestaron especial atención al folklore de su país tanto como posible inspirador para sus creaciones plásticas, como para reivindicar una producción que

---

[1] GERON, M., *Tymon Niesiołowski ...Op. Cit.* (p. 36).

[2] *Grupa Pięcu* en polaco. Grupo de artistas activo de 1905 a 1908 y cuyos miembros fundadores fueron: Leopold Gottlieb (que colaborará con los formistas posteriormente), Vlastimil Hofman, Mieczyslaw Jakimowicz, Jan Rembowski y Witold Wojtkiewicz. No tenían un credo unitario, si bien todos aceptaron como patrón espiritual al poeta Kamil Norwid.

hasta el momento se había considerado mera artesanía popular. Y Niesiołowski participó de este interés por la producción de folklore nacional, tan significativo en la vida del grupo formista.

Como casi todos sus futuros compañeros, Niesiołowski también viajó a la capital francesa. Pero, curiosamente, y a pesar de la intensa actividad y las numerosas conquistas plásticas en 1912 –año de su visita–, el artista no expresó motivación ni interés por estas manifestaciones, sino que quedó impresionado por las obras de Puvis de Chavannes y de Renoir. Parece que su inclinación hacia las formas y temas de corte tradicional o clásico se iban asentando como modelos en el universo de Niesiołowski, que demostró tener unos principios inalterables y muy afianzados, posiblemente tras la profunda huella que le dejaran sus maestros Wyspiański y Ślewiński.

Todo esto había vivido y experimentado Tymon Niesiłowski cuando ingresó en las filas de *Formiści*. Como vemos, un nuevo caso de artista joven, formado específicamente en Bellas Artes, con exposiciones a sus espaldas y viajes al extranjero, experiencias todas que le proporcionaron madurez y posicionamiento en su estilo artístico. Niesiołowski colaboró con ellos desde la primera exposición en la que participaron bajo el nombre de "Expresionistas polacos" en noviembre de 1917. Es más, para esta exposición diseñó, incluso, la portada de una de las tres versiones del catálogo.

Tal y como manifestó el propio autor años más tarde en la encuesta de *Głos Plastyków* de 1938, lo que unió al grupo, ante todo, era la posición en contra del impresionismo, presentando cada uno su propia y personal alternativa. Asegura también en este texto que el grupo no tenía relación alguna con la ideología del expresionismo alemán.[1] Sin duda Tymon Niesiołowski quería hacer referencia, ante todo, a la ideología que el grupo alemán desarrolló en una segunda etapa, tras la guerra. Porque, si atendemos a los comienzos del expresionismo, en los que aún

---

[1] NIESIOŁOWSKI, T., "Formiści", *Głos Plastyków* 8 -12, Kraków 1938 (p. 24- 25).

no subyacían ni ideologías ni posicionamientos estéticos cifrados, sí que es posible encontrar rasgos comunes entre ambos grupos.

De las exposiciones posteriores, queda constancia que participó igualmente en las dos celebradas en Lvov en 1918, en la primera exposición celebrada en Varsovia en 1919, y en la tercera exposición cracoviana del mismo año. Igualmente, en 1919 cuando comenzó a publicarse la revista *Formiści*, Niesiołowski trabajó como colaborador. Asimismo, se abrió la Escuela Libre de Artes de Zakopane, por iniciativa del grupo y en donde él mismo participó. En las siguientes exposiciones organizadas en colaboración con *Bunt* también encontramos su nombre recogido en el catálogo, pero no ocurre así con la cuarta exposición celebrada en Varsovia en 1920. De las cuatro últimas exposiciones celebradas bajo el nombre *Formiści*, el artista participó en tres de ellas.[1] Finalmente, un dato a destacar es la gran amistad que compartió con dos de sus compañeros de grupo: el polémico y polifacético Witkacy y August Zamoyski, dos de los caracteres más prometedores del grupo formista.

Por tanto, la vinculación del artista con *Formiści*, no fue en absoluto casual, sino de una implicación considerable, ya que participó en la mayoría de las exposiciones, formó parte del equipo de las revistas *Zdrój* y *Formiści* y también colaboró en la apertura de la escuela de arte de Zakopane. Aunque su estilo siempre continuó en una línea clasicista, parece que en las obras de la etapa formista, se contagia levemente de los aires de simplificación y estilización de las formas, sobre todo en lo que se refiere a su obra gráfica. La temática que predominaba en su obra es el desnudo femenino plasmado con una sutil elegancia y una detallada labor de texturas y calidades, recordándonos en cierta medida a las mujeres desnudas, estilizadas y con piel de melocotón del maestro Ingres.

Más tarde, el artista continuará su labor plástica, uniéndose al grupo *Rytm* (como su compañero formista Jan Hryńkowski) en los años 20 y

---

[1] GERON, M., *Tymon Niesiołowski ...Op. Cit.* (p. 85).

30. En esta época son sorprendentes las influencias del Picasso neoclásico en el tratamiento del desnudo femenino con gran monumentalidad, así como en el empleo de temas circenses –figuras alegóricas trabajadas ya desde los primeros expresionistas y uno de los temas predilectos del maestro español–. Queda marcado, pues, ese llamado "retorno al orden" en su obra. O más bien habría que afirmar que esta nueva corriente venía como anillo al dedo a su producción. Su obra a partir los años 40 continuará en una línea de pureza pictórica y, a las influencias picassianas se unirán las de los artistas Modigliani y Matisse. En conclusión, se puede afirmar que Niesiołowski será uno de los miembros de *Formiści* con más unión a la tradición pictórica clásica, siendo el tema al que recurrirá durante toda su carrera el del desnudo femenino.

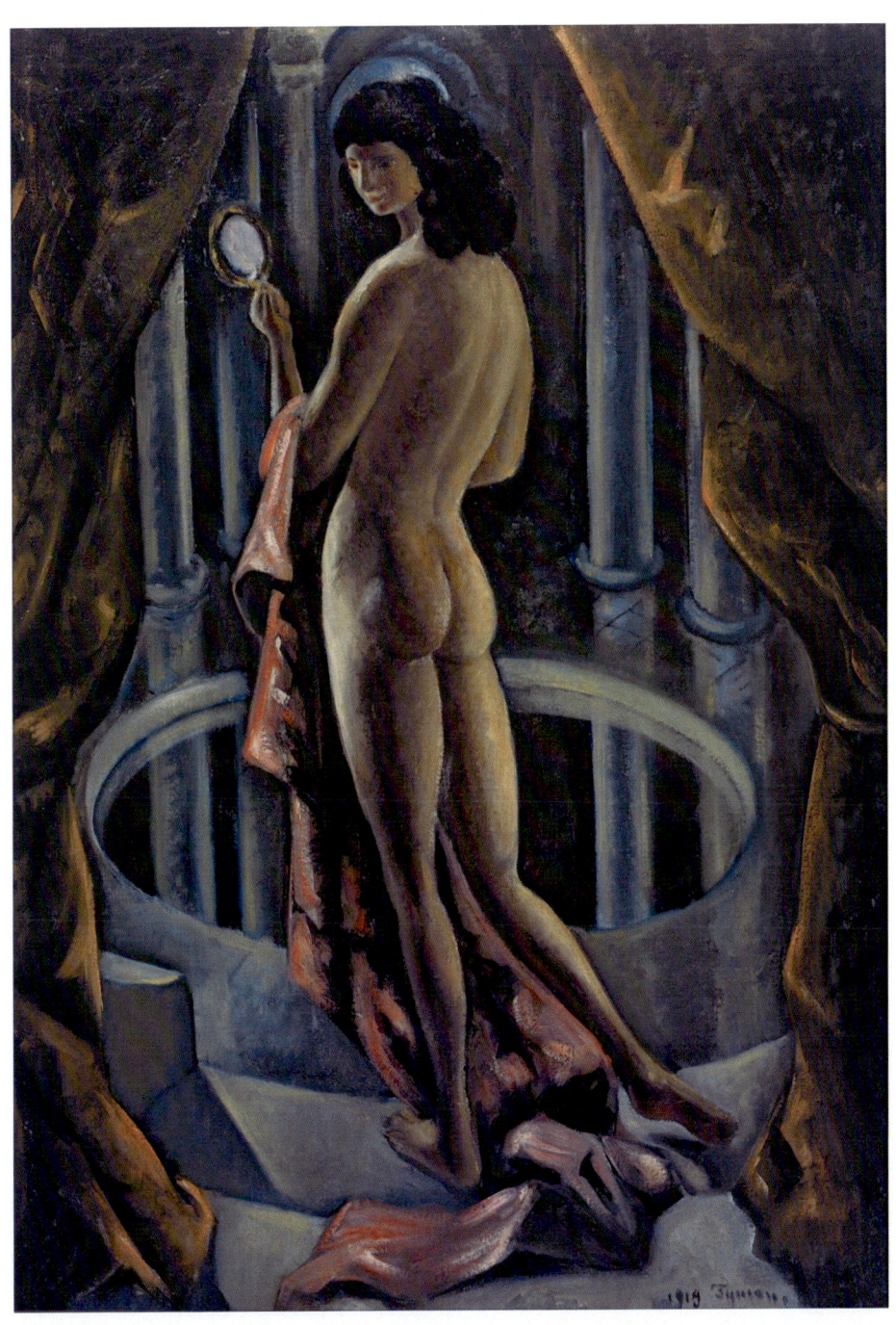

Tymon Niesiołowski, *Toaleta*, "El baño", 1919. Museo Nacional de Varsovia.

5

Andrzej Pronaszko

A pesar de ser uno de los confundadores de *Formiści*, y de haber trabajado en campos como la pintura y la escenografía, no ha habido hasta la fecha ninguna aportación que reúna los suficientes datos para la reconstrucción de la vida de este artista, por no mencionar la evidente sombra que le hizo la historiografía respecto a la figura de su hermano. Las referencias que aquí se recogen proceden en buena parte de las notas biográficas del catálogo de la exposición *Formiści*, organizado y dirigido por Irena Jakimowicz.[1]

De 1908 a 1912, Andrzej Pronaszko estudia en la Academia de Bellas Artes de Cracovia con Wyczółkowski y Dębicki. Esto quiere decir que estudia con los mismos maestros que Hryńkowski en épocas muy similares. De 1914 a 1917 vivió en Zakopane, donde trabajó como escenógrafo en 1915. Esta ciudad también parece repetirse en las biografías de los diferentes artistas, y se podría afirmar que se trata de un lugar más que significativo dentro de la historia y trayectoria de Formiści y sus miembros (no olvidemos que no solo allí se encontraron –y reencontraron– algunos de los artistas, sino que además, pertenecía a esta región de Polonia la artesanía folklórica que todos ellos defendían y

---

[1] *Formiści,* Muzeum Narodowe w Warszawie, pod. Red. Irene Jakimowicz, Warszawa 1989.

reivindicaban). Como escenográfo se sabe que Andrzej Pronaszko trabajó también en Lodz (1917 – 1918), Cracovia (1922 – 1924) y desde el año 1939 en las ciudades de Varsovia, Vilnus y Lvov.

Junto a su hermano Zbigniew y a Tytus Czyżewsi fundó las "Exposiciones de los Independientes" (*Wystawy Niezależnych)* y luego el grupo de los "Expresionistas Polacos" (*Ekspresjoniści Polscy*) posteriormente *Formiśc*i. Se sabe que colaboró en las siguientes exposiciones formistas: Cracovia (1917 y 1918), Poznan (1919 y 1920), Varsovia (1919), Cracovia (1919), Varsovia (1920), Lvov (1920), Cracovia (1921), Varsovia (1921), París (1922) y Varsovia (1927). Además, fue colaborador de la revista *Formiści*. Y también participó en la encuesta dedicada a los formistas en la revista *Głoś Plastyków* en el año 1938, en donde reproduce una carta que escribió años atrás y en la que habla de su experiencia en el grupo.[1]

Tras la disolución de *Formiści* continuó su labor artística, colaborando con grupos comprometidos con las últimas tendencias. Así, en 1927 se hizo miembro del grupo *Praesens*, una de las primeras formaciones de artistas plásticos, diseñadores y arquitectos pioneros en Polonia del movimiento constructivista fundado por autores de renombre internacional como Katarzyna Kobro, Henryk Stażewski y Władysław Strzemiński, y que supuso sin duda el comienzo consolidado del arte de vanguardia en Polonia. Es interesante destacar aquí que estos artistas promovieron no solo la integración de las artes que tradicionalmente eran consideradas como tales, sino también la del diseño industrial, creando una suerte de homónimo polaco de la *Bauhaus* alemana. A partir de 1945 se sabe que trabajó como escenógrafo en las ciudades de Katowice, Cracovia y Varsovia, de modo que fue un artista polifacético, compartiendo y practicando experiencias en diversos campos artísticos.

En su obra plástica se denota la influencia de las vidrieras religiosas, del arte popular y de la escenografía teatral –debido a su trayectoria

---

[1] PRONASZKO, A, *(B. T.), Głos Plastyków* nr 8 – 12, Kraków 1938 (p. 30).

profesional– e incluso se pueden advertir en las formas de sus figuras, ciertas influencias cubistizantes. El periodo formista para él fue un momento de sistematización y de trabajo en la construcción de la forma que luego se percibirá en la creación de sus escenografías, caracterizadas por su monumentalidad, sencillez y fuerza expresiva.

Andrzej Pronaszko, *Portret żony*, "Retrato de mi mujer", 1921.
Museo Nacional de Varsovia.

6

Zbigniew Pronaszko

Es uno de los cofundadores de *Formiści* junto a su hermano Andrzej y Tytus Czyżewski. Estos tres autores fueron los que impulsaron el "Salón de los Independientes" cracoviano que tomaba como modelo el parisino y que abrió sus puertas por primera vez en 1911. La biografía de Zbigniew Pronaszko por tanto, va íntimamente ligada a la historia de Formiści desde sus orígenes. Su papel en el grupo fue destacado, tanto como artista plástico como teórico.

En 1958, poco después de su muerte, se publicó su primera biografía.[1] Este estudio resulta ser la base de las reseñas realizadas posteriormente y en él nos basaremos como principal fuente de información aunque no sea el único estudio dedicado al artista. Autor querido y apreciado en vida, la Galería Zachęta de Varsovia le dedicó dos exposiciones monográficas en los años 1922 y 1957. Como homenajes póstumos, es de destacar aquí la última exposición monográfica celebrada en Cracovia en el Museo Nacional de la ciudad, en la primavera de 2008.[2] La información obtenida de su catálogo es también aquí empleada para trazar algunos de los aspectos biográficos.

---

[1] BLUMÓWNA, E., *Z. Pronaszko,* Arkadia, Warszawa, 1958.

[2] *Zbigniew Pronaszko*, Kolekcja Muzeum Narodowego w Krakowie, Kraków, 2008.

Zbigniew Pronaszko fue el primogénito de los cinco hijos fruto del matrimonio entre Franciszek Pronaszko y Feliksa Bona. Ya en su infancia, tal y como nos relata Helena Blumówna,[1] gozó de un ambiente favorable al desarrollo artístico, pues los pequeños Zbigniew y Andrzej modelaban figuras y dibujaban con su madre, así como también la escuchaban tocar el piano. Cuando Zbigniew terminó los estudios reglados, decidió cursar la carrera de Bellas Artes.

Comenzó estudios en Kiev, pero meses más tarde se trasladó a la Escuela de Bellas Artes de Cracovia, donde se formó desde los veintiún años a los veintiseis bajo la dirección de T. Axentowicz. Por otra parte, aún no siendo su profesor, la obra de Jacek Malczewski influyó poderosamente en el joven.

En este periodo, Zbigniew Pronaszko viajó mucho y conoció las grandes pinacotecas en Italia, Munich, Viena o París. Su formación, como la de sus futuros compañeros, se basó no solo en el estudio reglado, sino en los sucesivos viajes que le mostraron la escena artística europea. De este modo, en la capital francesa, el autor presenció las primeras exposiciones de los *fauvistas*, el esplendor y reconocimiento de los postimpresionistas, así como el nacimiento del cubismo. Estos viajes abrieron la conciencia artística de Pronaszko de tal modo que, a su vuelta a Polonia, luchó por formar los círculos que abogaban por la innovación en las formas y la estética, bajo la convicción de la necesidad de oxigenar la retrógrada escena artística en Polonia.

Apoyó, así, la apertura del Salón de los Independientes ya en 1911. Tres años más tarde, además, publicó uno de los primeros escritos a favor de la libertad creadora: el título "Antes de un gran mañana"[2] ilustra muy bien el concepto y la conciencia histórica del autor frente al devenir del arte en el siglo XX en la escena artística europea.

---

[1] BLUMÓWNA, E., *Z. Pronaszko...Op. Cit.*

[2] PRONASZKO, Z., "Przed wielkim jutrem", *Rydwan,* styczeń- luty, nr. 1, 1914, (p. 125-129).

Fue en estos años de formación que precedieron a *Formiści* cuando el joven artista recibió sus primeros encargos. En 1912 concretamente, le encargaron que realizara el altar para la *Iglesia de los Padres Misionarios* de Cracovia. A esta obra monumental de la que solo quedan un par de fotografías que prueben su existencia, se le ha dedicado muchas páginas por suponer una innovación en las formas de raíz cubistizante dentro de un contexto tan tradicional como lo es el retablo para una iglesia, siendo analizada agudamente por la profesora Iwona Luba[1] que advierte en dicha obra raíces tanto cubofuturistas como folklóricas.

Dos años más tarde estalló la guerra y tanto Zbigniew como Andrzej tuvieron que huir de Varsovia por tener pasaporte austriaco y se instalaron en Zakopane, ciudad, como vemos, que sirvió de segundo punto de encuentro para los futuros formistas. Allí los hermanos Pronaszko conocieron a los poetas Jan Kasprowicz y Stefan Żeromski e hicieron sus primeros proyectos en el campo de la escenografía, trabajando para la sala *Morskie Oko*.

En 1916 ambos hermanos volvieron a Cracovia y un año más tarde fundaron el grupo "Expresionista Polaco". En estos primeros momentos del grupo, Z. Pronaszko combinó su faceta artística con la de teórico del grupo. Realmente, fue el primero en cifrar y brindar a *Formiści* textos que harán historia, tanto en la vida del grupo como en la estética polaca posterior. Escribió, por ejemplo, una recensión aludiendo a la primera exposición del grupo titulada *O Formizmie*[2], cuyo contenido refleja claramente el posicionamiento ante el término y las intenciones abiertamente contrarias al naturalismo. Además, este artículo inaugura el primer número de la revista *Maski*, órgano teórico del grupo hasta la creación de la revista *Formiści* en 1919. En la primera exposición

---

[1] LUBA, I., *Dialog nowoczesności z tradycją (malarstwo polskie dwudziestolecia międzywojennego),* Neriton, Warszawa, 2004.

[2] PRONASZKO, Z., "O ekspresjonizmie", *Maski,* z. 1, 1 stycznia 1918, (p. 15 -18).

celebrada en Varsovia en 1919 bajo esta nueva denominación (*Formiści*), además, el artista participó con un escrito suyo en el catálogo, junto a sus compañeros Zamoyski y Witkacy.

Respecto a su obra, destaca en la producción de este período formista, una búsqueda formal hacia la representación cada vez más estilizada y geométrica, mostrando cierta asimilación del lenguaje cubista, de un modo laxo, eso sí, y dotado de más decorativismo y amabilidad que el hermetismo distante que cifraron Braque y Picasso. Un segundo punto que demuestra que la lección del cubismo no fue interpretada de un modo radical es la característica que prima en las obras del autor: la monumentalidad. Una grandiosidad que devuelve al objeto artístico ese áurea de antaño.

Volviendo a Z. Pronaszko, querríamos decir que las exposiciones de expresionistas y formistas en las que consta que este autor participó fueron: invierno de 1917 en Cracovia; en las dos exposiciones celebradas en primavera en Lvov; verano del 18 en Cracovia; primavera de 1919 en Varsovia; otoño del 19 en Cracovia; enero del 19 en Poznan; primavera del 20 en Lvov; invierno del 21 en Cracovia; primavera del 21 en Varsovia; primavera del 21 en Poznan. Ciertamente, se podría afirmar que Zbigniew Pronaszko estuvo en todas las exposiciones destacadas del grupo.

El periodo formista supuso en la carrera artística del autor una época de notable desarrollo y aprendizaje. Una cuestión que llama la atención de modo singular, es el abandono casi fulminante de la escultura a favor de la pintura. Sucedió esto además justo en la época de la disolución de *Formiści*. El desarrollo posterior del autor va por otros derroteros, que hasta pueden parecer contradictorios, cultivando temáticas tradicionales dentro de la corriente del colorismo, a la que se unieron algunos de sus compañeros de grupo.

Zbigniew Pronaszko, a lo largo de su vida, se consagró por completo al arte, invirtiendo a partes iguales su tiempo entre la faceta creativa y la docente. Y esto lo hizo a pesar de las adversidades que le tocó vivir, por las coordenadas geográficas e históricas en las que se desarrollo su trayectoria vital. Fue profesor en la Escuela de Pintura dirigida por Mehoffer en Cracovia y tuvo como alumnos a autores importantísimos en el desarrollo posterior del arte polaco, de los que merece la pena destacar como mínimo al singular y polifacético Tadeusz Kantor. Tras la II Guerra Mundial, fue nombrado profesor de la Academia de Bellas Artes de Cracovia, pero desgraciadamente el periodo del socialismo más amargo impidió que continuara en su puesto, ya que incluso llegó a censurarse su obra. La muerte de su mujer en 1955 le sumió en una profunda tristeza de la que ya no volverá a salir. Tres años más tarde, morirá en Cracovia.

Zbigniew Pronaszko, *Portret architekta Wasilkowskiego*,
"Retrato del arquitecto Wasilkowski", 1919. Museo Nacional de Varsovia.

7

Konrad Winkler

Fue el primer cronista de *Formiści* ya que publicó los dos primeros monográficos sobre el grupo en los años 1921 y 1927. La participación de este autor, aunque fuera en una segunda oleada en la historia del grupo –ingresó en él cuando su nombre ya era el de *Formiści*–, fue de un convencimiento tal que consagró el resto sus días a la causa formista. La huella de la experiencia formista supuso un antes y un después en su carrera: realizó dos estudios monográficos sobre Formiści, participó en todas las actividades del grupo, dirigió la revista, e incluso quiso resucitar al grupo en fechas en las que estaba decididamente disuelto (1927).

Escasas son las noticias sobre Winkler, a excepción de algunas referencias en obras de carácter más amplio, y la única biografía que de él se ha escrito.[1] En ella nos basaremos para delimitar algunos aspectos de su vida que revelan interés en relación con la historia de *Formiści* y sus creadores.

Nacido en Varsovia, Konrad Winkler era hijo de Ignacy y Zofia Winkler. Se sabe que entabló amistad con un jovencísimo también Tytus Czyżewski cuando ambos estudiaban en la escuela secundaria. Al

---

[1] MALINOWSKI, J., (pod red.), *Archiwum Sztuki Polskiej XX wieku,* tom I, Neriton, Warszawa, 2006.

parecer, y tal y como afirma Honorata Bartoszewska-Butryn,[1] esta temprana amistad, despertó en el joven Konrad su primer interés hacia el arte, al que finalmente consagrará su vida.

De 1907 a 1908 estudió (o bien asistió como oyente a las clases, no queda clarificado este aspecto) Teoría e Historia del Arte en la Universidad "Jan Kazymierz" de Lvov con el profesor Bołosz Antoniewicz, una de las primeras grandes figuras dentro de la academia que defenderá el expresionismo polaco. Su formación, por tanto, vino más del campo teórico que del práctico. No obstante, durante la I Guerra Mundial pasó por la Academia de Bellas Artes de Cracovia y por la Academia de A. Lhote de París. Presumiblemente será en Cracovia en donde conocerá (¿se reencontrará con Czyżewski?) a los futuros miembros de *Formiści* y comenzará su colaboración con ellos. Sobre su ingreso en el grupo no quedan noticias ni testimonios claros, pero es de suponer que en el ambiente cracoviano ya por 1919, los autores que aquí se investigan eran una referencia y el que Winkler estuviera allí, estudiara Bellas Artes y se reencontrara con su antiguo compañero de Instituto Tytus, propiciaron esta toma de contacto entre el autor y los formistas. Sea como fuere, lo cierto es que el nombre de Konrad Winkler aparece por sistema en todos los acontecimientos que protagonizó el grupo a partir de 1919.

Participó en las exposiciones organizadas en Cracovia (1919), Cracovia (1921), Varsovia (1921), Poznań (1921), Lvov (1921). A partir del número 4 colaboró con la revista *Formiści,* publicando artículos como: *"Bez Programu"* –"Sin programa"– (número 4, abril 1921, páginas 1 y 2), *"Na nowych drogach sztuki"* –"Por los nuevos caminos del arte"– (número 6, año II, abril de 1921, páginas 2 y 3) y la reproducción de algunas de sus obras en el número 5 (año II, mayo de 1921). A fines de los años 20 trató de resucitar al grupo, organizando una exposición en 1927 en la que consiguió reunir a algunos de los miembros más representativos.

---

[1] MALINOWSKI, J., (pod red.), *Archiwum Sztuki Polskiej... Op. Cit.* (p. 11).

Se le puede considerar como el primer historiador del grupo, pues escribió –como ya afirmé líneas arriba– dos monográficos dedicados al mismo. También colaboró en el número dedicado a los formistas de la revista *Głoś Plastyków* con su artículo "Exegi Monumentum".[1] En todos sus escritos se denota una claro convencimiento acerca del papel de *Formiści* en la historia del arte polaco. Con sus escritos se inaugura la literatura artística de *Formiści,* así como su mito.

Los años que van de 1922 a 1927 –en los que siguió luchando con convencimiento por la continuidad del grupo formista– colaboró como crítico en las revistas *Naprzód, Czas* ("Tiempo"), *Kurier Poranny* ("Mensajero de la Mañana") y en 1929 expuso con el grupo *Praesens,* del que era miembro también el cofundador y ex formista Andrzej Pronaszko. Su vida estuvo dedicada y consagrada a la crítica artística, más que a la producción plástica. Respecto a esta última, podemos afirmar cómo en ellas el autor se esfuerza por aplicar los dictados de las nuevas formas que ya habían sido planteados en toda Europa y que denotan, ante todo, la asimilación del "cubismo de salón" propagado por Gleizes y Metzinger, aunque no con demasiada fortuna. Las formas angulares, los planos contrastados, cortados como fragmentos de cristal en los que quedan divididas las figuras, parecen querer reinterpretar en cierto modo la lección cubista, si bien sus obras no pueden negar la calidez y la necesidad expresiva, a pesar de tratar de emplear (a veces pareciera incluso, a toda costa) las innovaciones formales de su tiempo y sus supuestas intenciones de neutralización y síntesis. A partir de 1945 residió en Cracovia, ciudad que le verá morir en 1962.

---

[1] WINKLER, K., "Exegi Monumentum", *Głos Plastyków,* nr 8 – 12, Kraków, 1938 (p. 37 -39).

Portada catálogo de la exposición de los formistas polacos. Cracovia, 1919.

8

Stanisław Ignacy Witkiewicz (Witkacy)

Si bien es cierto que Witkacy perteneció a *Formiści* y que este periodo para el autor fue uno de los momentos de su vida más felices y en los que más acompañado se sintió en la lucha y búsqueda de nuevos valores en el arte, también hay que reconocer que este artista brindó al grupo obras y teorías conformadas en una etapa anterior, y no *ex profeso* para el mismo. Es necesario puntualizar aquí que, si encuadramos a este autor dentro de los formistas más destacados es por que fue la única vez en su vida que perteneció a un grupo de artistas y su participación fue visiblemente asidua.

Durante el periodo formista, además, su producción plástica denota un tratamiento de las formas muy depuradas, así como una noción compositiva muy en la línea con el quehacer práctico y la teoría desarrollada dentro de las filas de *Formiści*. Fue, asimismo, el único momento en su vida en el que el artista gozó de un relativo optimismo hacia el objeto artístico, incluyendo su propia producción, pues durante el resto de su vida anduvo a la deriva y llegó a puntos de un nihilismo tan radical, que su obra no solo se vio desprovista del halo artístico de antaño, sino que fue tratada como la más vil de las mercancías. Sin duda, estos años de juventud compartiendo experiencias con otros artistas –aunque fuera a modo de provocación frente a su rival Chwistek–

proporcionó a Witkacy una suerte de estado pleno que permitió la creación de obras que contuviesen, en palabras del propio autor, la "forma pura". De modo que, él le debe a *Formiści* mucho y, por supuesto, viceversa, aunque en el fondo, uno y otro supusieran universos completamente diferentes. Ese es el motivo, no exento de complejidades y contradicciones del porqué finalmente, hemos decidido incluir algunos segmentos biográficos del artista aquí.

Es difícil abarcar una figura como la de Stanislaw Ignacy Witkiewicz, por su visión del arte y de la vida, su carácter polifacético, contradictorio, autodestructivo y, al tiempo, eufórico. Es un temperamento complicado de encuadrar, y por tanto, el análisis de su producción artística presenta esta misma dificultad. Sin embargo, este inconveniente ha provocado –y continua provocando hoy en día– un enorme interés por parte de críticos e historiadores; podemos decir que se han vertido, desde muy diversos enfoques, ríos de tinta en torno a la figura de este artista.

Penetrar en la figura de Witkacy es un tema delicado por muy diferentes razones. En primer lugar porque se trata de un inclasificable, un artista que formuló un estilo muy personal y que creó en circunstancias muy particulares y únicas; en segundo lugar, el rasgo polifacético de Witkacy, es una de las características más definitorias del autor, que ramifica infinitamente el análisis de su obra y pensamiento. Es, además, uno de los autores más conocidos tanto en Polonia como fuera de sus fronteras. Supone un símbolo para el pueblo polaco, su pintura es admirada a pesar de las grandes contradicciones y aspectos desagradables, irónicos y nihilistas que encierran hacia su público, y su obra literaria, en la que se mezclan la ficción, la autobiografía, la fantasía y los ácidos tintes de ironía y perversión, está asumida dentro del triunvirato que conforman los tres autores polacos del S. XX por excelencia: Witkacy, Bruno Shulz y Witold Gombrowicz[1]. Factores todos ellos que desencadenan una abrumadora lista bibliográfica dedicada al autor, desde manuales de divulgación, numerosas exposiciones retrospectivas, homenajes y publicaciones de carácter científico que continúan hasta nuestros días. Y Las fuentes consultadas para esta reconstrucción han sido diversas, si bien destacamos las valiosísimas aportaciones de la autora Irena Jakimowicz a la figura de Witkacy tanto como pintor y como filósofo,[2] aunque también aludiré a otros valiosos monográficos.[3]

Stanisław Ignacy Witkiewicz fue el hijo único del matrimonio formado por el pintor Stanisław Witkiewicz y la pianista Maria Witkiewicza. Nacido en Varsovia el 24 de febrero de 1885, residió toda su infancia y gran parte de su vida en Zakopane. Recibió una especial y curiosa educación, de mano de sus padres y profesores particulares. Nunca asistió a la escuela y al parecer, de niño estudiaba solo las materias que le interesaban. Por supuesto, la educación artística, musical y literaria estaba garantizada, aunque también demostró desde pequeño una gran fascinación por la astronomía, por lo que no ha de extrañar que en sus obras pictóricas posteriores aparezcan cometas y estrellas en recuerdo a estas fijaciones de la infancia. Esta peculiar infancia, qué duda cabe, lo marcó para siempre, en su vida y en su obra. Desde niño sintió una gran soledad y como artista desarrolló un estilo puramente personal.

---

[1] Un monográfico dedicado a la literatura polaca en la revista española *Quimera,* nos puede servir de ejemplo orientativo sobre el alcance de estos tres autores dentro del panorama de la literatura europea del S. XX. Véase: *Quimera*, número 221, octubre de 2002 (p.18 -23).

[2] Nos referimos aquí en concreto a las obras publicadas de Ireny Jakimowicz, tales como: *Witkiewicz, malarz*, Auriga, Wydawnictwa Artystyczne i filmowe, Warszawa, 1987; "Witkacy w Rosii", *Rocznik Muzeum narodowego w Warszawie XXVIII,* Warszawa, 1984 (s.173-212); *Witkacy, Chwistek i Strzeminski, mysli i obrazy*, Arkady, Warszawa, 1978.

[3] MICINSKA, A., *Itsnienie poszcególne : Stanislaw Ignacy Witkiewicz*, Wydawnictwo Dolnoslaskie, Wroclaw, 2003.

Su sensibilidad y fragilidad se manifestó en una vida llena de altibajos emocionales y psicológicos. Como es de suponer, el hecho de no asistir a la escuela y no tener amigos fue un factor que contribuyó a esta soledad, un carácter depresivo que siempre arrastró el autor desde su más tierna infancia. Se le conocen únicamente dos compañeros de juego de su misma ciudad: el que será escritor y viajero, Malinowski, y el futuro filósofo, pintor y matemático (y rival) Leon Chwistek, al que ya se han dedicado unas páginas en este mismo capítulo.

Precisamente por influencia de su amigo Leon, Witkiewicz decidió matricularse en la Escuela de Bellas Artes de Cracovia a pesar de la oposición paterna, en donde siguió los estudios en el taller de Mehoffer durante unos años, aunque al parecer no de forma sistemática. Fue un talento prematuro, ya a la edad de cinco años manejaba con habilidad el pincel. Sus obras de juventud son fundamentalmente paisajes de Zakopane y de diferentes viajes que realizó, en los que se denota la influencia del paisajismo anclado en la corriente de la Joven Polonia (*Młoda Polska*) decimonónica, del que su propio padre era uno de los mayores representantes. Los años de estudios en Bellas Artes, de 1904 a 1910, si bien no parecieron aportarle nada nuevo como artista, sí que supusieron un despertar artístico literario fundamental. Realmente, tal y como de modo magistral analiza la profesora Jakimowicz, este periodo de aprendizaje del joven Witakcy –que puede cerrarse en 1914– refleja en su producción plástica y poética, una suerte de mezcolanza entre lo fidedigno, con la divagación filosófica y la fantasía perversa. Así se puede comprobar, por ejemplo, en su relato autobiográfico titulado *Las 622 caídas de Bungo o la mujer diabólica*, escrito entre 1910 y 1911.[1] En él, se autorretrata a través del joven protagonista Bungo, un artista que trata de encontrar la fórmula para cifrar su arte, que escribe, pinta y mantiene conversaciones filosóficas ("esenciales", como él mismo

---

[1] Existe la traducción al castellano del libro en: *Las 622 caídas de Bungo o la mujer diabólica,* traducción de Josep M. de Sagarra, Destino, Barcelona, 2002.

denomina) con sus amigos. Bungo mantiene igualmente una relación tormentosa con la *femme fatale* de la novela, retrato de la actriz Irena Solska, con la que mantuvo un romance en la vida real. Igualmente, aparecen retratados, no sin toque de humor y bastante caricaturizados, sus dos amigos de la infancia: Leon Chwistek, que es el *Baron Brummel de Buffadero Bluff* y Malinowski, que es el *conde Edgar Nevermore*. Se puede considerar esta obra a caballo entre el género novelístico y estético, pues en ella se apuntan colateralmente ya las teorías artísticas sobre las "nuevas formas" con un estilo farragoso que encuentra su correlato perfecto en su pintura, igualmente colmada de *horror vacui* y escenas imposibles. Asimismo, esta obra permite recercar una suerte de biografía"interior", pues en ella se reflejan sus pensamientos y su discurrir en torno al arte y a la vida.

Durante estos años de aprendizaje en la academia cracoviana, también se sucedieron los viajes a diferentes e importantes lugares de Europa, tales como Italia, París, Viena y Munich. En ellos, dada la época en la que fueron realizados, es de suponer que Witkacy pudo vivir y contemplar muchas de las exposiciones más innovadoras del momento, siendo testigo del nacimiento y desarrollo de los estilos expresionista y fauvista, entre otros. De hecho, hay que tener en cuenta un dato básico: pasó una temporada en Francia estudiando con su compatriota Ślewiński –admirador y amigo de Gauguin–, que le transmitió esta fascinación por la pintura de ese artista visionario que se autodenominó como "un salvaje". A partir de ese momento, la influencia de Paul Gauguin quedará patente en sus obras y en la visión de la pintura. En Viena pudo contemplar la exposición monográfica dedicada al maestro Cézanne, que despertó en él una gran curiosidad y admiración. Y más allá de la fascinación evidente por sendos autores franceses, es obvio que Witkacy conoció también muestras de las pinturas de vanguardias europeas, pues fue el organizador de la exposición dedicada al expresionismo, cubismo y futurismo en Lvov en 1913. El Witkacy anterior a la guerra, por tanto, traía ya con un importante bagaje artístico a sus espaldas para compartir con sus futuros compañeros formistas.

En 1914, año en que estalló la Gran Guerra, va a suceder una tragedia personal que marcará la vida del joven: en febrero, su prometida, Jadwiga Janczewska se suicida por motivos que aún hoy siguen siendo puestos en tela de juicio. En estos trágicos momentos, el ofrecimiento de su amigo Malinowski para realizar una expedición y asistir a un congreso en Australia, parece ser la salvación del joven Witkacy, que acepta la invitación tratando tal vez de buscar en esas tierras exóticas algo de paz y tranquilidad, una suerte de evasión hacia lo exótico que pueda compararse, salvando las distancias personales y geográficas, con la que también realizó Paul Gauguin, tan admirado por Witkacy. Este viaje a Australia influyó en el retrato de exóticos paisajes tanto en sus pinturas como en sus relatos escritos, pasando a formar parte de su imaginario iconográfico y literario.

La noticia del estallido de la guerra lo condujo hacia San Petersburgo. Al haber nacido en Varsovia (dentro del territorio ocupado por el imperio del zar Nicolás II), poseía pasaporte ruso y tuvo que enrolarse en el ejército del Zar, aunque después se pasará al bando revolucionario. Durante estos momentos, conoció a la *flor y nata* artística y frecuentó los salones y museos más relevantes. Irene Jakimowicz incluso menciona las posibles influencias de artistas rusos tales como Goncharova, Larionov o Burliuk en su obra, así como ciertos elementos de contacto entre su quehacer literario y la producción homónima y coetánea en este país. Otro aspecto a tener en cuenta sobre este periodo ruso es que entró en contacto con una sociedad burguesa refinada y de costumbres un tanto peculiares: parece que fue aquí donde Witkacy comenzó a consumir los primeros narcóticos y a experimentar con ellos durante la creación de obras, por no mencionar las diversas perversiones en las que se deleitaban los asiduos a los salones burgueses de la época. Se suceden en estos años –aunque también posteriormente– las composiciones en las que se mezclan los motivos fantásticos, con la pureza de líneas y el escrupuloso dibujo, dentro de marco de alucinación narcótica y delirio que, es muy probable, harían las delicias de los posteriores surrealistas. Junto a estas composiciones se alternan los retratos, en los que se va desde la más pura fidelidad fotográfica, hasta la interpretación psicológica del retratado sin olvidar unos toques de caricatura. El Witkacy pintor ya está formado en estilo y modo de afrontar una obra. Antes de volver a Polonia tras la revolución, no solo llevaba una gran cantidad de composiciones y retratos realizados, sino que también volvió con el manuscrito de su obra *Las nuevas formas en pintura,*[1] un verdadero tratado estético que por su cercanía en el tiempo se ha querido asociar a *Formiści.*

En 1919 está de vuelta en Zakopane y entra en contacto por vez primera con los llamados formistas, apareciendo citado en los catálogos a partir de las exposición varsoviana de 1919. Igualmente, participó en la revista del grupo en varias ocasiones.[2] En la IV exposición en Cracovia de 1921, por ejemplo, expuso un total de 35 obras, que colgaban en tres zonas de la pared en frente de la entrada principal, por lo que su visibilidad y representatividad eran patentes.[3] Un lugar preeminente dentro del grupo que ocupará hasta la disolución del mismo en 1922. De hecho, en el anuncio oficial del grupo,[4] Chwistek dedica medio ensayo a realizar una crítica sobre el último tratado de su compañero de grupo. No obstante, el autor parece recordar con cariño y buenos ojos su periodo formista, pues participó en la encuesta realizada por la revista *Głos*

---

[1] Hemos manejado la siguiente edición de este ensayo: WITKIEWICZ, S.I., *Nowe forme w malarstwie i inne pisma estetyczne,* Państwowe Wydawnictwo Naukowe, Warszawa, 1959.

[2] WITKIEWICZ, S.I., "Z powodu krytyki IV- ej wystawy Formistów", *Formiści,* nr 3, r.II, Kraków, kwiecień 1921 (p. 5 – 8).

[3] DEGLER, J., *Witkacego. Portret wielokrotny,*Państwowe Instytut Wydawniczy, Warszawa 2009 (p. 25).

[4] CHWISTEK, L., *Tytus Czyżewski a kryzys formizmu,* Gebethner i Wolff, Kraków, 1922.

Plastyków en 1938 y que fue dedicada a *Formiści*[1].Parece que las diferencias entre los miembros fueron el primer motivo de ruptura. La antítesis Chwistek – Witkacy, es uno de los temas predilectos por los estudiosos que se han acercado a *Formiści* o a la estética de ambos autores. Curioso es, en este sentido que, si bien en las biografías escritas de Leon Chwistek, siempre hay un buen número de palabras dedicadas a Witkacy, no sucede así en la situación inversa.

Lo que aconteció en años posteriores, desde la disolución del grupo hasta su trágica muerte en 1939, ha sido objeto de numerosos estudios. Cabe destacar aquí la empresa de retratos que el propio autor fundó, un acontecimiento más que innovador, casi profético, pues anuncia ya la producción en masa, ¿no tiene acaso esto tintes revolucionarios benjaminianos?, o yendo más lejos: ¿podría verse acaso en estos hechos un adelanto de la *Factory* de Andy Warhol en la que el *glamour*, el dinero y la frivolidad no son más que un reflejo de la cruel sociedad de consumo de arte? Witkacy, de nuevo aislado en su taller, con una tormentosa y desordenada vida amorosa, fundó su propia industria de retratos. Trabajaba a gusto del consumidor. Estableció tarifas para los retratos, clasificados en categorías A, B y C en función de la similitud con la realidad, o del modo de realización del retrato (psicológico o el retrato bajo los efectos de una determinada sustancia narcótica, que después era anotada en el lienzo, junto a la fecha y la firma). En los numerosos retratos que realizó podemos ver, efectivamente, los códigos que indican los tipos así como las sustancias consumidas durante su creación. Este modo tan banal de tomar su propia obra no indica más que un estado de depresión en la que el artista ya no espera nada más de sí mismo y entra en unas absurdas reglas del juego. Siente que ha de prostituirse como artista y así ganarse la vida. Lo que se puede interpretar como una tremenda frivolidad encierra un camino hacia el nihilismo más

---

[1] WITKIEWICZ, S.I., "Bilans Formizmu", *Głos Plastyków* nr 8 – 12, Kraków 1938 (p. 41- 42).

autodestructivo y pesimista imaginado. Su obra, fruto de una vida caracterizada por la soledad, refleja todos estos aspectos, desde los más frívolos y perversos hasta el trasfondo depresivo y terriblemente enajenado que surge de entre sus lienzos y escritos.

El artista dio fin a sus días cuando las tropas alemanas invadieron su país. Decidió hacerlo junto a su pareja, la cual sobrevivió a la intoxicación planificada. Ambos fueron encontrados horas más tarde. Witkiewicz fue enterrado un día después. Y ahí comenzó la leyenda de uno de los artistas más polémicos y conocidos en toda Polonia. Como se puede observar, su vida y su obra trascienden de forma clara y evidente a la vida y obra de *Formiści,* si bien su participación en el grupo supuso un importante trasvase de influencias que han de ser tenidas en cuenta para comprender, de modo más profundo y amplio, tanto la vida y obra de este solitario artista, como la del grupo que aquí estudiamos.

Stanisław Ignacy Witkiewicz (Witkacy), *Fantazja*, "Fantasía", 1921-22.
Museo Nacional de Varsovia.

9

August Zamoyski

Es uno de los artistas más singulares que conformaron el grupo *Formiści;* prueba de ello es que los acontecimientos dentro de su trayectoria artística y vital difieren con creces de los de la mayoría de sus compañeros de grupo. Fue un artista que descubrió su vocación relativamente tarde, no realizó estudios reglados en artes plásticas, y la formación que recibió como escultor no fue en Polonia sino en Alemania. Datos todos ellos que lo diferencian de la gran mayoría de sus compañeros de grupo.

Su producción –exclusivamente escultórica– en la época de *Formiści,* llegó a altas cotas de estilización, rozando casi la abstracción y creando una de las producciones más crípticas e intelectualizadas –y al tiempo, maduradas– en el seno del grupo.

A pesar del mérito de este autor, hasta la fecha no le ha sido publicada una biografía. Nos basaremos, por tanto, en los datos que aportan las exposiciones retrospectivas de los grupos a los que perteneció en su juventud: *Bunt*[1] y *Formiści.*[2] Cabe citar aquí igualmente el primer

---

[1] *Bunt, Ekspresjonizm Poznański 1917 -1925,* Muzeum Narodowe w Poznaniu, listopad 2003 – styczyeń 2004.

[2] *Formiści,* Muzeum Narodowe w Warszawie, pod. Red. Ireny Jakimowicz, Warszawa, 1985.

estudio de la escultura formista realizado en los años 60, momento en el que Pollakówna aún no había publicado su tesis y solo el estudio de Szczepińska era la referencia al movimiento.[1] Dicho estudio incluye a los autores Zamoyski y Z. Pronaszko (no así a Hryńkowski que, como se ha destacado, también creó algunas esculturas en la época formista) y referencias a sus biografías, escritos y obra,[2] así como los textos de Alexandra Melbechowska-Luty.[3]

Procedente de una familia aristocrática, August Zamoyski nació en Jablon, ciudad cercana a Lublin (Polonia) en 1893. Era, por tanto, uno de los miembros más jóvenes en *Formiści*, y al tiempo, uno de los más maduros desde el punto de vista artístico. Realizó sus estudios superiores en Alemania, en las ciudades de Fryburg y Heidelberg, aunque se vieron truncados por la explosión de la guerra en el 14.

Se casó en Viena con la bailarina Rita Sachetto (creadora del baile formista, del que a penas se tiene información) en 1917 y ya en esta época comenzó a manifestar un interés cada vez mayor por la escultura. Comenzó sus estudios de escultura en la escuela libre de Levin-Funk y con el profesor de la *Kuntsgewerbeschule* ("Escuela de Arte Industrial") de J. Wackel en Berlín y en Munich. Fue en esta época –alrededor de 1918– cuando comenzó a introducirse en los círculos artísticos en Alemania, entablando amistad con artistas como Kandinsky, Paul Klee o Max Heckle. Aunque no gozó de los estudios reglados como la mayoría de sus compañeros de grupo, su experiencia artística y contacto con la

---

[1] SZCZEPINSKA, J., "Historia i program grupy „Formiści Polscy" w latach 1917-1922", *Materyały do Studiów i Diskusji*, nr.3- 4, 1959.

[2] BIELAWSKI, B., "Rzezba Formistyczna*", Ze studiów nad geneza plastyki nowoczesnej w Polsce*, pod. Red. Juliusza Starzynskiego, zakład narodowy imienia Ossolinskich wydawnictwo Polski Akademii Nauk, Wroclaw, Warszawa, Kraków, 1966 (p. 129- 177).

[3] MELBECHOWSKA-LUTY, A.*, Posągi i ludzie. Rzeźba polska dwudziestolecia międzywojennego (1918 – 1939)*, Neriton, Warszawa, 2005. De la misma autora: *Teoria i krytyka. Antologia tekstów o rzeźbie polskiej (1915 – 1939)*, Neriton, Warszawa, 2007.

vanguardia tuvo para él un gran peso y supuso una experiencia vital y real a través de sus propias vivencias y contactos, de un modo más genuino.

Mediante el contacto con el poeta Przybyszewski –a quien conoció en Munich–, entabló relación con el artista Jerzy Hulewicz, que a su vez, le invitó a formar parte del recién fundado grupo expresionista de Poznań *Bunt,* con el que *Formiści* colaborará posteriormente. A finales de 1918 se trasladó a Zakopane y allí, junto a su mujer, se rodeará de un círculo artístico literario, en el que conocieron a los ya pertenecientes a *Formiści* (Witkacy –al que le unirá una especial amistad– , T. Czyżewski, L. Chwistek, los hermanos Pronaszko y Tymon Niesiołowski) así como a escritores y poetas (Słowacki, Kasprowicz, Tuwin, Iwaszkiewicz) que también eran defensores de la apertura de nuevos caminos en el arte.

Con *Bunt* y los formistas expuso en Poznań (1918), Berlín (1918), Cracovia (1919), Varsovia (1919), Poznań (1919-20), Lvov (1920), Cracovia (1921), Poznan (1921) y Varsovia (1923 y 24). Fue el autor de los prólogos a los catálogos de los formistas de 1918 a 1920 y de algunos artículos, a pesar de confesar más de una vez que no le gustaba para nada escribir. Sus obras aparecen reproducidas en la revista *Formiści,* número 2 (abril 1920). Dio conferencias sobre el arte nuevo en Varsovia, Poznan (1919) y Lvov (1920). Organizó las veladas de *Zdrój,* grupo de carácter más poético que plástico, pero cuya revista albergó las primeras reproducciones del grupo *Formiści.* Hizo la introducción, la escenografía y el vestuario de los "bailes formistas" realizados por su mujer de 1919 a 1922, del que destacamos el ballet "Cocaína", con escenografía y vestuario del autor, libreto de Witkacy y coreografía de Rita Sachetto. En 1938 colabora en la compilación de textos formistas publicados en la revista *Głos Plastyków* en 1938 con su artículo "O formizmie" –"Sobre el formismo"–. En un artículo que publicó dos años antes de su muerte, recuerda su ingreso en el movimiento formista y las influencias que sobre su obra tuvo este periodo.[1] En él, encontramos citas como la que sigue:

"… Así que el nombre formista no aludía a la forma solamente, sino sobre eso que gracias a la ayuda de los elementos que crean la forma (la palabra, los símbolos, la línea, el modelado) queríamos decir. Fue por tanto el fruto de nuestra visión del mundo. ¿Reproducir o crear? Se habría preguntado Hamlet si hubiese sido escultor. Yo no era Hamlet, así que escogí. Escogí el camino de la rica tarea abstracta, de la forma pura…".[2]

Vemos, por tanto, que el formalismo del grupo no era tal al cien por cien, sino que albergaba de igual modo, la necesidad de expresión del artista a través de la forma. Es decir, al contrario de lo que se pueda pensar tras un apelativo así, *Formiści* no fue un grupo en el que se trabajara la simple y pura frialdad formal, aunque en este aspecto haya que atender, a veces por caminos diferentes, a los frutos teóricos y plásticos del grupo.

En la obra de Zamoyski perteneciente al periodo formista se encuentran las manifestaciones más crípticas del autor, despertando sus colaboraciones en las exposiciones de *Bunt* y *Formiści* críticas y polémicas.[3] Era uno de los autores cuya obra más se discutía, y esto fue porque su estilo era al tiempo, irrepetible y destacadamente innovador.

---

[1] ZAMOYSKI, A., "Jak i dlaczego wyrosłem z formizmu", *Poezja*, nr.1 (p. 18-25), nr. 2 (p.32-34, 36, 45).

[2] [Traducción de la autora] En: MELBECHOWSKA-LUTY, A., *Posągi i ludzie. Rzeźba polska dwudziestolecia międzywojennego (1918 – 1939),* Neriton, Warszawa 2005 (p.55).

[3] Así nos cuenta, por ejemplo, la autora Melbechowska-Luty, que cita las críticas de Hulewicz, Boloz Antoniewicz, o Dabrowski en su artículo "Metamorfozy Augusta Zamoyskiego" en: *Posągi i ludzie. Rzeźba polska dwudziestolecia…Op. Cit.*

Los temas más recurrentes en su obra serán: desnudos, retratos (de personajes coetáneos e históricos) y cabezas (que traen irremediables asociaciones con Brancusi y Julio González). No se hallan en su producción, al contrario, ni una obra de iconografía cristiana o mitológica. El universo de Zamoyski es muy personal pero muy real en cuanto a su temática. Su obra, en continua evolución, seguirá diferentes caminos hacia la síntesis de la forma, si bien sus figuras con el tiempo se irán acercando suavemente hacia las formas naturales y orgánicas.

Desde 1924 residió en Francia. Expuso en el "Salón de Otoño" de 1924 a 1927, en el "Salón de los Independientes" en 1925 y en el "Salón de las Tullerías" de 1925 a 1931[1]. En 1940 se trasladó a Brasil, donde organizó y trabajó como profesor en los cursos libres de escultura en la Academia de Río de Janeiro desde 1946. En 1951 creó un curso de escultura en colaboración con el Museo de Arte de Sao Paulo. En este periodo en Brasil, viajó a Nueva York en 1945 y de 1948 a 1949. En 1955 volvió a Francia, si bien visitará su país natal con relativa frecuencia (en los años 1956, 1957, 1958, 1963 y 1964) y con el que no perderá el contacto personal y artístico, prueba de ello es la opción a cátedra en la universidad Politécnica de Varsovia, que al final no aceptó. Será en Francia donde construirá su propio taller de escultura en Saint-Clar-de-Rivière, lugar que le verá morir en 1970 a los 77 años de edad.

---

[1] BARTNICKA- GÓRSKA, H. y SZCZEPIŃSKA – TRAMAR, J., *W poszukiwaniu światła, kształtu i barw…Op. Cit.*

August Zamoyski, *Ich dwoje. Tango*, "Aquellos dos. Tango", 1922-23. Museo Nacional de Varsovia.

Recapitulando

Tal como se ha podido observar a lo largo de estas páginas, reducir la definición del formismo a una síntesis de "expresionismo, cubismo y futurismo" requiere de muchas matizaciones y explicaciones adicionales. No obstante, sería posible, en un escueto resumen, enumerar estos conceptos del siguiente modo:

Tal vez el expresionismo sea el término con el que más debiera identificarse. No solo porque los autores –en primer lugar– decidieron proclamarse como expresionistas, sino porque su fundación y desarrollo está más en la línea de lo expresionista que de lo cubista o futurista. Vivieron el despertar del expresionismo en primera persona y surgieron con una misma idea de fondo (la libertad creadora, la oposición al pasado inmediato, la defensa de la modernidad y la unión de fuerzas para hacerse presentes), así que en ese sentido, se encaminan más a este concepto que a otro. Nos referimos, eso sí, al expresionismo de primera oleada, no al posterior a la guerra, de connotaciones más politizadas y frutos más grotescos.

Que estilística y estéticamente no compartan tantos lazos con el expresionismo alemán es precisamente lo que los hace diferentes; de ahí que cambiaran su nombre, para hacerlo más afín a sus pretensiones, que no era sino la innovación en la forma, la experimentación con ella, la formulación de nuevas vías plásticas. Por eso *Formiści*.

El caso del cubismo es una referencia casi inevitable, sin embargo, esto no significa que todos los formistas practicaran antes o después unas formas cubistas o cubistizantes. De hecho, muchos de ellos ni siquiera se vieron atraídos o identificados con el estilo, así que no ha de ser un adjetivo que aborde la totalidad del formismo. El cubismo que se filtró, además –ya lo hemos visto–, no se trató del formulado por Braque y Picasso, sino el que propagaron Gelizes y Metzinger, en una intento de cifrar y licitar su existencia mediante una algo forzada teoría y una práctica más flexible y propensa a las interpretaciones. Las citas en los catálogos y las experimentaciones cubistas de Z. Pronaszko o Winkler, dan prueba de ello.

Futurismo es el concepto más peliagudo, el que menos se aproxima a la realidad formista. No compartieron ni ideas ni manifiestos, no se propagaron con escándalo, ni mucho menos se manifestaron con fervor hacia el mundo industrializado y moderno. Que en algunos lienzos de Chwistek se vean intentos de representar el movimiento "a lo futurista", puede resultar casi anecdótico, o como menos, poco o nada concluyente; al igual que el hecho de que en su teoría sobre las múltiples realidades calificara una de ellas como futurista (sin tener en absoluto que ver con el grupo italiano o ruso). Y no solo porque el propio autor negara su ligazón con este grupo, sino porque, además, precisamente el estilo plástico de Chwistek le debe muchísimo más al orfismo que a cualquier otro estilo. Por otro lado, sí que es verdad (como hemos demostrado) que los formistas tuvieron contactos con los futuristas de Cracovia y Varsovia, llegando a realizar actuaciones comunes. Sin embargo, el futurismo como tal tuvo mucho más calado en el campo poético que en el de las artes plásticas. No podemos pasar por alto finalmente un hecho crucial: los contactos del futurismo polaco fueron directos con la escuela rusa y no la italiana, lo que resulta clave para su entendimiento e interpretación.

Dicho todo esto, consideramos que si hubiese que hacer una definición del concepto *Formiści* muy reducido, diríamos más bien que fue un fenómeno artístico de raíz centroeuropea, que realizó una síntesis de la modernidad, y que logró convertirse en sinónimo de arte nuevo dentro y fuera de su país.

Respecto a los autores –ya lo dijimos– se trata el presente libro de una selección de los que, a nuestro entender, fueron los más determinantes en el desarrollo del fenómenos formista. Son expuestos, además, para demostrar esta heterogeneidad estilística que caracterizó (o incluso podríamos decir que "definió") al grupo. Sin embargo, observamos algunos elementos de cohesión: cada uno de ellos trabajó en un estilo plenamente personal, partiendo todos, y subrayamos esto, de enseñanzas artísticas regladas (la gran mayoría formados en la Academia de Bellas Artes de Cracovia). Todos, además, llevaron al formismo su experiencia del arte extranjero, con el que todos los mencionados estuvieron en contacto directo. Eran, por otro lado, jóvenes todos ellos, algunos incluso acababan de terminar los estudios y comenzaban sus primeros pasos en el mundo artístico profesional; gozaban, pues, de la frescura y el ímpetu juvenil de estos primeros años de lucha. Finalmente, vemos que, aunque para cada uno de ellos el formismo significó y aportó cosas distintas, en todos procuró un impulso hacia esa lucha común, un afianzamiento en la creencia de que el arte se puede cambiar, en la necesidad de ingresar en la modernidad. ¿No sería oportuno hablar aquí, incluso, de conciencia histórica? No lo creemos muy descabellado tras las investigaciones realizadas y la lectura de los textos que los propios protagonistas escribieron.

En definitiva, todos ellos protagonizaron el cambio en un momento que, además, resultaba ser histórico por la nueva situación del país: la independencia política y del arte se dieron a un mismo tiempo, casi como si se tratase de una mágica coincidencia. Y es que, sin *Formiści* –ya lo advirtió el teórico y artista Władysław Strzemiński– no podría comprenderse el devenir del arte polaco del S. XX.

Leon Chwistek, Portret Tytusa Czyżewskiego, "Retrato de Tytus Czyżewski", 1920. Museo Nacional de Varsovia.

BIBLIOGRAFÍA

FUENTES PRIMARIAS.

• APOLLINAIRE, G., *Meditaciones estéticas. Los pintores cubistas*, La balsa de la Medusa, Madrid, 2009 (traducción al castellano por Lydia Vázquez).

• B.A., "Druga wystawa ekspresjonistów (formistów)", *Nowości Ilustrowane* nr. 29, 1918 (p.6-7).

• B.A., "Propaganda Kubizmu", *Rydwan,* listopad-grudzień, 1912 (p. 170-172).

• B.A., "Artyści Polscy w Salonie Jesiennym", *Rydwan*, styczeń-luty 1914 (p. 184-186).

• BAHR, H., *El expresionismo*, (primera publicación en 1916), Colegio Oficial de aparejadores y arquitectos, Murcia, 1998. (Traducción al castellano por Teresa Rocha Barco).

• BALLA, G., BOCCIONI, U., DEPERO, F., PRAMPOLINI, E., SANT' ELIA, A. y VOLT, *Arte y arquitectura futuristas (1914-1918),* Colegio Oficial de aparejadores y arquitectos, Murcia, 2002. (Traducción al castellano por Marisa García Vergara).

• BENJAMIN, W., *La obra de arte en la época de su reproductibilidad técnica*, Ítaca, México, 2003. (Traducción al castellano por Bolívar Echeverría).

• BUNIKIEWICZ, W., "Kronika artystyczna: Wystawa Formistów", *Kurier Warszawski*, nr.142, 23 maja 1920 (p. 10).

• _____, "Kronika artystyczna. Wystawa Formistów", *Kurier Warszawski* nr 120, 1 maja 1921, (p. 10).

• CHWISTEK, L., *Tytus Czyżewski a kryzys formizmu,* Gebethner i Wolff, Kraków, 1922.

• _____, "Twórca siła Formizmu", *Głos Plastyków* nr. 8-12, Kraków, 1938 (p. 6-10).

• _____, "Wielość rzeczywistości", *Maski*, r. I, nr. 1 (p. 16 - 18), nr. 2 (p. 36-39), nr. 3 (p. 59 - 60) y nr. 4 (p. 76 - 80), Kraków, 1918.

• _____, "Wrogowie Formizmu i ich psychologja", *Formiści,* nr. 1, r. I, Kraków, październik 1919 (p. 2 -3).

• _____, "Formizm", *Formiści,* nr. 2, r. II, Kraków, kwiecień 1920 (p.1).

• _____, "Teatr Przyszłości", *Zwrotnica,* nr. 2, 1922 (p. 33-35).

• _____, *Zagadnienia Kultury Duchowej w Polsce,* Gebethner i Wolff, Warszawa, 1933.

• _____, "Nowa poezja Polska", *Nowa Sztuka,* nr.2, r. II, Warszawa, luty 1922 (p.11-13).

• CZYŻEWSKI, T., *Osioł i słońce w metamorfozie,* Gebethner i Wolff, Kraków, 1922.

• _____, *Zielone oko, poezje formistyczne, elektryczne wizje,* Gebethner i Wolff, Kraków, 1920.

• _____, "O najnowszych prądach w sztuce Polski", *Wianki,* nr. 1 (p. 6- 7), nr. 2 (p. 11), nr. 3 (p. 10- 11), Kraków, 1919.

• _____, "Salome. Obraz wielopłaszczyznowe", *Wianki,* nr. 1, Kraków 1919 (p. 17).

• _____, "Pogrzeb romantyzmu – Uwiąd starczy symbolizmu – Śmierć programizmu", *Formiści*, nr. 4, r. II, Kraków, kwiecień 1921 (p. 12 -13).

• _____, "Mój Formizm", *Głos Plastyków* nr 8-12, Kraków, 1938 (p. 11- 14).

• _____, "Mój futuryzm", *Zwrotnica,* nr. 6, październik 1923 (p. 185 -186).

• DODA, W., *Na rozdrożach Polskiego Formizmu,* Skład Głowny w Księgarni Zygmunta Jelena, Tarnów, 1925.

• GLEIZES, A. y METZINGER, J., *Sobre el cubismo,* (primera edición de 1912), Colegio Oficial de aparejadores y arquitectos de Murcia, Valencia, 1986. (Traducción de I. Ramos Serna y F. Torres Monreal).

• GOTLIB, H., "Od prymitywizmu do *Pracy organicznej*", *Głos Plastyków* nr 8-12, Kraków, 1938 (p. 19-21).

• HRYŃKOWSKI, J., "Wspomnienia o ekspresjonizmie w Polsce", *Głos Plastyków*, nr 8-12, Kraków, 1938 (p. 22-25).

• HILDEBRAND, A. VON, *El problema de la forma en la obra de arte,* (primera edición en 1893), Visor, Madrid, 1988. (Traducción al castellano por Francisca Pérez Carreño).

• IRZYKOWSKI, K., "Bahr, o ekspresjonizmie", *Maski, z.* 19, 1 Lipca 1918 (p. 378-380), z. 20, 10 Lipca 1918 (p. 396-400).

• _____, "Na giewoncie formizmu(teoria P. Chwistka)", Przegląd *Warszawski,* nr. 6, r. 2, t. 1, marzec 1922 (p. 291- 307).

• JASIEŃSKI, B., "Polski Futuryzm", *Zwrotnica,* nr.6, październik 1923 (p. 177-184).

• JELLENTA, C., "Futuryści- Dywisyoniści. Manifest malarki", *Rydwan,* maj 1912 , t. I, (p. 179-183).

• KANDINSKY, W., MARC, F., *Der Balue Reiter (El jinete azul),* (primera edición en 1912), Paidós Estética, Barcelona, 1989. (Traducción al castellano de Ricardo Burgaleta).

• KANDINSKI, W., *De lo espiritual en el arte*, (primera publicación en 1912), Paidós Estética, Barcelona, 2007. (Traducción al castellano por Genoveva Dieterich).

• _____, *Punto y línea sobre el plano,* (primera publicación en 1923), Labor, Barcelona, 1993. (Traducción al castellano por Roberto Echavarren).

• KLECZYNSKI, J., "Formiści w Zachęcie", *Kurier Warszawski,* nr. 78, 20 marca 1927 (p.19).

• ŁUBIEŃSKI, S., "Zamiast kroniki artystycznej", *Pochodnia*, nr.3, r.I, 15 czerwca 1919 (p. 186-192).

• MARCOUSSIS, L., "Korespondencja z Paryża", *Formiści,* nr. 2, r. I, Kraków, kwiecień 1920 (p. 12).

• NIESIOŁOWSKI, T., "Formiści", *Głos Plastyków* 8 -12, Kraków 1938 (p. 24- 25).

• ORTEGA Y GASSET, J., *La deshumanización del arte*, (primera publicación en 1924), Revista de Occidente en Alianza editorial, Madrid, 2002.

• ORYNŻYNA, J., "Wystawa Formistów", *Południe,* nr.3, Wilno, marzec-lipiec 1922 (p. 54).

• PEIPER, T.,"Cartas desde Polonia, una nueva teoría del arte", *Ultra,* n. 18, año I, 10 noviembre 1921 (p. 1).

• PRONASZKO, A, (Bez Tytułu), *Głos Plastyków* nr 8-12, Kraków 1938 (30).

• PRONASZKO, Z., "Jak to było właściwie?...", *Głos Plastyków* nr 8-12, Kraków 1938 (p. 31- 32).

• _____, "O ekspresjonizmie", *Maski, z.* 1, 1 Stycznia 1918, (p. 15 -18).

• _____, "Przed wielkim jutrem", *Rydwan*, nr. 1, Styczeń-Luty 1914, (p. 125-129).

• RIEGL, A., *El culto moderno a los monumentos,* (primera edición en 1903), Visor, Madrid, 1987.

• ROT – CZERWINSKI, J., "Nowa poezja i dramat w Niemczech", *Formiści,* nr. 6, r. II, Kraków, czerwiec 1921 (p. 6-11).

• SAMLICKI, M., "La section d' Or", *Rydwan,* r. I, tom.1, Październik 1912 (p. 119 -122).

• _____, "Salon Paryski Jesienny", *Rydwan*, wrzesień 1912 (p.86-88).

• SEDLMAYR, H., *La revolución del arte moderno,* Acantilado, Barcelona, 2008. (Traducción al castellano por: José Aníbal Campos).

• SEVERINI, G., *Del cubismo al clasicismo*, (primera publicación en 1921), Colegio Oficial de aparejadores y arquitectos de Murcia, Valencia, 1993. (Traducción al castellano por Alfonso Carmona González).

• SKOCZYLAS, W., "Sztuki plastycznej. Wystawa formistów", *Przegląd Warszawski*, nr.5, r. II, Tom. 1, Warszawa, luty 1922 (p. 28-29).

• St.M., "Wystawa 'Ekspresyonistów Polskich'", *Nowości Ilustrowane*, nr. 48 (p. 7-10).

• SYRKUS, SZ., "Początki i rozwój współpracy mojej z malarzami", *Głos Plastyków* nr 8-12, Kraków 1938 (p. 33-34).

• SYRKO, T., "z Pałacu Sztuki,. Wystawa Formistów", *Czas*, 27 stycznia 1921.

• TERLECKI, W., "Formiści lwowscy", *Zwrotnica*, nr. 2, 1922, (p. 47).

• TORRE, G. DE, *Literaturas europeas de vanguardia*, Caro Ragio, Madrid, 1925.

• TREPKA, J., "Wystawy towarzystwa Sztuk Pięknych. Formiści-malarze normalny", *Głos Narodu*, 13 luty 1921.

• TZARA, T., *Siete manifiestos dadá*, (primera edición en 1918), Fábula Tusquets, Barcelona, 2003. (Traducción al castellano por Humberto Haltter).

• WARBURG, A., *Atlas Mnemosyne*, Akal Arte y Estética, Madrid, 2010 (traducción al castellano por Joaquín Chamorro Mielke).

• WAT, A., "Wystawa formistów", *Nowa sztuka*, nr. 2, r. II, Warszawa, luty 1922 (p. 28)

• WH, "Sztuki plastycznej. Wystawa Formistów. Obrazy Stryjeńskiej", *Pro Arte,* z. 5, r. V, 1919, (p. 28-29).

• WILDE, O., *Salomé,* Libros del Zorro Rojo, Barcelona, Madrid, 2011 (traducción de Cansinos Assens).

• WINKLER, K., "Exegi Monumentum", *Głos Plastyków,* nr 8-12, Kraków, 1938 (p. 37-39),

• _____, "Bez Programu", *Formiści,* nr. 4, r. II, Kraków, Kwiecień 1921 (p. 1 y 2).

• _____, *(B.T.), Formiści,* nr 5, r. II, maj 1921 (p.16).

• _____, "Na nowych drogach w sztuki", *Formiści,* nr. 6, r. II, Kraków, czerwiec 1921 (p. 2-3).

• _____, *Formiści Polscy,* Nakład Gebethnera i Wolfla, Warszawa, 1927.

• _____, *Formizm na tle współczesne kierunków w sztuce,* Friedleina, Kraków, 1921.

• WITKIEWICZ, S.I., *Nowe forme w malarstwie i inne pisma estetyczne,* Państwowe Wydawnictwo Naukowe, Warszawa, 1959.

• _____, "Z powodu krytyki IV- ej wystawy Formistów", *Formiści,* nr. 3, r. II, Kraków, Kwiecień 1921 (p. 5-8).

• _____, "Bilans Formizmu", *Głos Plastyków* nr 8-12, Cracovia, 1938 (p. 41-42).

• _____, *Las 622 caídas de Bungo o la mujer diabólica,* (primera edición 1911) Destino, Barcelona, 2002. (Traducción de Josep M. de Sagarra).

• _____, *Narcóticos*, (primera edición de 1930) Circe, Barcelona, 1994 (Traducción de J. M. Sagarra).

• WÖLFFLIN, E., *Conceptos fundamentales de la Historia del Arte,* (primera publicación en 1915), Espasa Calpe, Madrid, 1970 (traducción de José Moreno Villa).

• WORRINGER, W., *Abstracción y naturaleza,* (primera edición en 1908), Fondo de Cultura económico, México – Buenos Aires, 1966. (Traducción al castellano por Mariana Frank).

• ZAMOYSKI, A., "O Formizmie", *Głos Plastyków* nr 8-12, Kraków 1938 (p. 43-47).

FUENTES SECUNDARIAS.

• ARACIL, A. y RODRÍGUEZ, D., *El S.XX: Entre la muerte del arte y el arte moderno,* Istmo, Madrid, 1983.

• ARNALDO, J., *Las vanguardias históricas I*, Arte 16, Madrid, 2000.

• BARANOWICZ, Z., *Polska awangarda artystyczna (1918-1939),* WydawnictwoArtystyczne i filmowe, Warszawa, 1975.

• BARTELIK, M., *Early Polish modern art. Unity in multiplicity*, Manchester University Press, Manchester, New York, 2005.

• BARTNICKA-GÓRSKA, H. y SZCZEPIŃSKA – TRAMAR, J., *W poszukiwaniu światła, kształtu i barw. Artyści polscy wystawiający na Salonach paryskich w latach 1884-1960,* Neriton, Warszawa, 2005.

• BŁASZCZYK – ŻUROWSKA, *Kultura Ludowa Podhala,* Muzeum Tatrzańskie, Zakopane, 2003.

• BLUMÓWNA, H., *Z. Pronaszko,* Arkadia, Warszawa, 1958.

• BOHDAN GRZENIEWSKI, L., *Leona Chwistka Pałace Boga,* Państwowy Instytut Wydawniczy, Warszawa, 1979.

• BONET, J. M., *Diccionario de las vanguardias en España (1907-1936),* Alianza Editorial, Madrid, 2007.

• BOZAL, V., (ed.), *Historia de las ideas estéticas y de las teorías artísticas contemporáneas,* vols. 1 y 2, Visor –La balsa de la medusa–, Madrid, 1996.

• _____, *Los orígenes del arte del s. XX,* Historia 16, Madrid, 1989.

• _____, *Arte del S.XX en España. Pintura y escultura, 1900-1939,* Summa Artis, vol. XXXVI, Espasa Calpe, Madrid ,1993.

• BRIHUEGA, J., *Las vanguardias artísticas en España: 1909-1936,* Istmo, Madrid, 1981.

• CALINESCU, M., *Cinco caras de la Modernidad (modernismo, vanguardia, decadencia, kitsch, postmodernismo)*, Tecnos, Madrid, 2003. (Traducción al castellano por Francisco Rodríguez Martín).

• CARMONA MATO, E., *El movimiento renovador de las artes plásticas en España. Del momento vanguardista al retorno al orden (1917-1925)*. Tesis Doctoral (UMA 1989).

• _____, *Picasso, Miró, Dalí y los orígenes de las vanguardias artísticas en España (1900-1936)*, Museo Nacional de Arte Reina Sofía y Shrin Kunsthalle, Madrid y Francfort, 1991.

• CHROBAK, K., *Niejedna rzeczywistość: racjonalizm Leona Chwistka*, Inter. Esse, Kraków, 2004.

• CIRLOT, J. E., *Diccionario de los ismos,* Siruela, Madrid, 2006.

• CLEG, E.,"Futurists, cubists and the Like: Early Modernism and late Imperialism", *Zeitschrift fur Kunstgeschichte*, nr.2, 1993.

• CRUGTEN, A. van,"Futuristes et formistes polonais", Actas del Congreso *Dada – Surrealismo: precursores marginales y heterodoxos*, Servicio de Publicaciones de la Universidad de Cádiz, 1986.

• DASZKIEWICZ, A., *Ślewiński,* Edipresse, Warszawa, 2006.

• DELEUZE, G., GUATARI, F., *Rizoma*, Pre-textos, Valencia, 1997 (traducción al castellano por José Vázquez Pérez y Umbelina Larraceleta).

• _____, *Mil mesetas. Capitalismo y esquizofrenia*, Pre-textos, Valencia, 2010 (traducción al castellano por José Vázquez Pérez y Umbelina Larraceleta).

• DE MICHELI, M., *Las vanguardias artísticas del s. XX,* Alianza Forma, Madrid, 2006. (Traducción al castellano por Ángel Sánchez Gijón).

• DOBROWOSKI, T., *Malarstwo Polskie, ostatnich dwudziestu lat,* Ossolineum, Warszawa, 1989.

• DIDI-HUBERMAN, G., *Ante el tiempo. Historia del arte y anacronismo de las imágenes,* Adriana Hidalgo editora, Buenos Aires, 2011. (Traducción al castellano por Antonio Oviedo).

• _____, *Ante la imagen. Pregunta formulada ante los fines de una historia del arte*, Colección Add Litteram, 9, Centro de Documentación y Estudios Avanzados de Arte Contemporáneo, Murcia, 2010.

• DUBE, W., *Los expresionistas,* Destino, Barcelona, 1997. (Traducción al castellano por Elena LLorens).

• ELDERFIELD, J., *El fauvismo,* Alianza Forma, Madrid, 2007. (Traducción al castellano por Juan Díaz Atauri).

• ESTREICHER, K., *Leon Chwistek. Biografia artysty (1884-1944),* Państwowe wydawnictwo naukowe, Kraków, 1971.

• FALCÓN MARTÍNEZ, C., FERNANDEZ GALIANO, E., LÓPEZ MELERO, R., *Diccionario de mitología clásica,* 2 vols, Alianza Editorial, Madrid, 1997.

• FOLGA-JANUSZEWSKI, D. y JABŁOŃSKA, T., *Zakopane w czasach Rafała Malczewskiego,* Bosz, Olszanica, 2006.

• GERON, M., *Timon Niesiołowski,* Neriton, Warszawa, 2004.

• GOLDING, J., *El cubismo,* Alianza Forma, Madrid, 1993. (Traducción al castellano por Adolfo Gómez Cedillo).

• GONZÁLEZ GARCÍA, A., CALVO SERRALLER, F., MARCHÁN FIZ, S., *Escritos de arte de vanguardia (1900-1945),* Istmo, Madrid, 2003.

• GREEN, C., *Arte en Francia 1900-1940,* Cátedra, Madrid, 2001.

• GRYGLEWICZ, T., *Malartswo Europy środkowej 1900-1914. Tendencje modernistyczne i wczesnoawangardowe,* Nakłade Uniwersytetu Jagiellońskiego, Kraków, 1992.

• GRZENIEWSKI, L., B., *Leona Chwistka. Pałace Boga,* Państwowe Instytut Wydawniczy, Warszawa, 1979.

• HARRISON, CH., FRASCINA, F. y PERRY, G., *Primitivismo, cubismo y abstracción,* Akal, Madrid, 1998. (Traducción al castellano por Juan José Usabiaga).

• JAKIMOWICZ, I., *Wytkacy, Chwistek, Strzemiński. Myśli i obrazy,* Arkady, Warszawa, 1978.

• _____, *Wytkacy,* Auriga, Warszawa, 1982.

• _____, "Formiści (29 IV – 14 VIII 1985) Warszawa", *Biuletyn Historii Sztuki,* r. XLVIII, nr.2-4, Warszawa 1985.

• _____, "Witkacy w Rosii", *Rocznik Muzeum Narodowego w Warszawie, XXVIII,* Warszawa, 1984 (p.173-212).

• KAHNWEILER, D. H., *Mis galerías y mis pintores,* Árdora, Madrid, 1991. (Traducción de Lydia Vázquez).

• KOSTYRKO, T., *Leona Chwistka: filosofia sztuki,* Inter-Graf, Warszawa, 1995.

• KOZAKOWSKA , S. , MAŁKIEWICZ, B., *Polish painting from around 1890 to 1945,* Muzeum Narodowe w Krakowie, Kraków, 1998.

• LAM, A., *Polska awangarda poetycka, programy lat 1917-1923,* tom I i II, Wydawnictwo literacki, Kraków, 1969.

• LENTAS, B., *Tadeusz Peiper w Hiszpanii,* Slowo/obraz/teoria, Gdańsk, 2011.

• LIPA, A., *Zaklinać lalek życie i twórczość Gustawa Gwodeckiego,* Neriton, Warszawa, 2003.

• LUBA, I., *Dialog nowoczesności z tradycją (malarstwo polskie dwudziestolecia międzywojennego),* Neriton, Warszawa, 2004.

• _____, "Maski, wobec nowej sztuki", *Sztuka lat 1905-1923: malarstwo, rzeźba, grafika, krytyka artystyczna,* (pod red. M. Geron i J. Malinowski), Toruń, 2006.

• MALINOWSKI, J., (pod red.), *Archiwum Sztuki Polskiej XX wieku,* tom I, Neriton, Warszawa, 2006.

• _____, *Sztuka i nowa wspólnota: Zrzeszenie artystów Bunt 1917-1922,* Wiedza o kulturze, Wrocław, 1991.

• MANSBACH, S. A., *Modern Art in Eastern Europe: from the Baltic to the Balkans (ca.1890-1939),* Cambridge University Press, Cambridge, 2001.

• MELBECHOWSKA-LUTY, A., *Posągi i ludzie. Rzeźba polska dwudziestolecia międzywojennego (1918-1939),* Neriton, Warszawa 2005.

• _____, *Teoria i krytyka. Antologia tekstów o rzeźbie polskiej (1915-1939),* Neriton, Warszawa, 2007.

• MICINSKA, A., *Istnienie poszczególne: Stanislaw Ignacy Witkiewicz,* Wydawnictwo Dosnoslaskie, Wroclaw, 2003.

• MORAWSKI, S., "Ankieta o formistach Polskich (opracowanie i wnioski)" , Rocznik *Historii Sztuki,* t. IX, Warszawa, 1969.

• MORGAN, R.P., *La música del s. XX,* Akal Música, Madrid, 1999 (traducido por: Patricia Sojo).

• POLLAKÓWNA, J., *Tytus Czyżewski,* Wydawnictwo RUCH, Warszawa, 1971.

• _____, *Formiści,* Ossolineum, Warszawa, 1972.

• _____, *Malarstwo Polskie między wojnami (1918 -1939),* Auriga, Warszawa, 1982.

• RAMÍREZ, J., A., *El arte de las vanguardias,* Anaya, Madrid, 2003.

• RUIZ ARTOLA, I., *Formiści, la síntesis de la modernidad (1917-1922)*, Tesis doctoral, mayo 2013, Universidad de Málaga.

• _____"La colección "a.r." testigo y víctima de los conflictos del s. XX", Actas del XVI Congreso Nacional de Historia del Arte (CEHA), Las Palmas de Gran Canaria, 2006.

• _____, "El expresionismo en Polonia: ruptura y reconciliación con el pasado", Actas del XVII Congreso Nacional de Historia del Arte (CEHA), Barcelona, 2008.

• _____,"Marginados en la periferia: el caso del Formismo polaco y el Ultraísmo español", Actas del XVIII Congreso CEHA. Universidad de Santiago de Compostela (septiembre 2010).

• _____, "The Formists and the Ultra Formation", *Ikonotheka*, IHS Uniwersytet Warszawskim, październik 2013.

• _____, "El expresionismo en Centro Europa. El caso de Polonia: *Bunt y Ekspresioniści Polscy*", *Boletín de Arte* (Universidad de Málaga) (en prensa)

• SOCZYŃSKA, A., *Tytus Czyżewski: malarz, poeta*, Neriton, Warszawa, 2006.

• STANGOS, N., *Conceptos de arte moderno*, Destino, Barcelona, 2000. (Traducción al castellano por Hugo Mariani).

• STOPCZYK, S., *Tytus Czyżewski*, Krajowa Agencja Wydawnicza, Warszawa, 1984.

• SZCZEPINSKA, J., "Historia i program grupy 'Formiści Polscy' w latach 1917-1922", *Materyały do Studiów i Diskusji*, nr.3-4, 1959.

• TUROWSKI, A., "Czym był kubizm w Polsce?", *Awangardowe marginesy*, Instytut Kultury, Warszawa, 1998.

• VVAA, *Ze studiów nad genezą plastyki nowoczesnej w Polsce*, t. X, Instytut Sztuki i Nauki, Wrocław, Warszawa, Kraków, 1966.

• VVAA, *Słownik Artystów Polskych*, Instytut Sztuki PAN, Warszawa (en actualización y ampliación continua).

• VVAA, *Wspolczesni Malarze Polscy*, Arkadia, Warszawa, 1957.

• VERGO, P. (dir.), *Expresionismo Brucke*, Actas del Simposium, Museo Thyssem-Bornemisza, Madrid, 2005.

• WIERZBICKA, A., *École de Paris*, Neriton, Warszawa, 2004.

• WŁODARCZYK, W., *Sztuka Polska (1918-2000)*, Arkady, Warszawa, 2000.

• _____,"Formists", TURNER, J. (ed.), *The dictionary of Art.*, vol. 11, Grove' s Dictionary, New York, 1996 (p. 317),

• WOJCIECHOWSKI, A. (pod. Red.), *Polskie życie artystyczne w latach 1890-1914*, Wrocław, Warszawa, Kraków, wydawnictwo Polskiej Akademii Nauk, 1967.

• WOJCIECHOWSKI, A. (pod. Red.), *Polskie życie artystyczne w latach 1915-1939*, Ossolineum Wydawnictwo Polskiej Akademii Nauk, Wrocław, Warszawa, Kraków, Gdańks, 1974.

• WOJCIECHOWSKI, A., *Młode malarstwo polskie*, Ossolineum, Warszawa, 1975.

• ŻAKIEWICZ, A., *Witkacy*, Dolnośląskie, Wrocław, 2004

CATÁLOGOS

• *Artibus, 40 lat CBWA*, Centralne Biuro Arystycznych-Zachęta, Warszawa, 1989.

• *Bunt: Ekspresjonizm Poznański 1917-1925*, Museum Narodowe w Poznaniu, listopad 2003 – styczeń 2004.

• *Central European Avant-gardes, exchange and transformation (1910-1930)*, Los Angeles Counyty Museum of Art, the MIT Press, Cambridge, Massachussets y Londres, Inglaterra, 2002.

• *Dada East?*, Zacheta Narodowa Galeria Sztuki, Warszawa, 2008.

• *Dialog czarno na białym. Grafika Polska i Węgierska 1918-1939.* Muzeum Narodowe w Warszawie/ Magyar Nemzeti Galeria w Budapeszcie. Warszawa-Budapeszt, 2009.

• *Formiści, Wystawa X,* Warsawa, Kwiecień – maj 1921.

• *Formiści,* Muzeum Narodowe w Warszawie, pod. Red. Irene Jakimowicz, Warszawa1989.

• *Francisco Bores: El Ultraismo y el ambiente literario madrileño 1921-1925,* Publicaciones de la Residencia de Estudiantes, Madrid, 1999.

• *Galeria Sztuki Polskiej XX wieku,* Muzeum Narodowe w Krakowie, Kraków, 2005.

• *German Expressionism. The grafic impulse*, MOMA, Nueva York, marzo – julio 2011.

• *Itinerarios del arte nuevo,* Galería Guillermo de Osma, Madrid, 1993.

• *I Wystawy Ekspresionistów polskich,* Kraków, listopad – grudzień 1917.

• *I Wystawy Formistów Polskich,* Hotel Polonia, Warszawa, 1919.

• *I Wystawa Niezależnych*, Kraków, maj-czerwiec 1911.

• *Jacek Mierzejewski (1883-1925),* Museo Nacional de Varsovia, mayo – junio 1989.

• *Jan Hryńkowski,* Galeria Sztuki Współczesnej Zachęta (Warszawa), Muzeum Śląskie (Katowice) y Żydowski Instytut Historyczny (Warszawa), Warszawa, 2000.

• *Kolekcja Sztuki XX wieku,* Muzeum Sztuki w Łodzi, Lódź, 1991.

• *Los putrefactos: Salvador Dalí y Federico García Lorca,* Centre Cultural Caixa Catalunya, Casa Pedrera y Publicaciones de la Residencia de Estudiantes, abril-junio 1998.

• *Malarstwo Polskie w kolekcji Ewy i Wojciecha Fibaków,* Muzeum Narodowe w Warszawie, 23 maja – 9 sierpnia 1992.

• *Museum of Czech Cubism*, The Black Madonna House, National Galery In Prague, Praga, 2004.

• *Obrazy na szkle,* Kolekcja Tytusa Chałubińskiego, Muzeum Tatrzańskie, Zakopane, maj– czerwiec 1997.

• *Picasso, Miró, Dalí y los orígenes del arte del S. XX,* Museo Nacional Reina Sofía, Madrid, 1991.

• *Sztuka Polska / L' art Polonais,* Nakładem Ministerstwa Sztuki i Kultury, Warszawa, 1920.

• *Stowarzyszenie Artystów Polskich Rytm,* Muzeum Narodowe w Warszawie, Warszawa, 2001.

• *Sztuka XX wieku,* Muzeum Narodowe w Warszawie, Warszawa 2006.

• *Sztuka Polska XX wieku, Katalog zbiorów Muzeum Narodowego w Wrocławiu,* Muzeum Narodowe w Wrocławiu, Wrocław, 2000.

• *Un Mundo construido. Polonia 1918-1939*, Círculo de Bellas Artes, Madrid, 2011.

• *Witkacy, formiści i portrety*, Muzeum Narodowe w Szczecinie, Galeria Sztuka Współczesna, Szczecin, Wrzesień-Październik, 1999.

• *Wyprawa 20 – lecie,* Muzeum Narodowe w Warsawie, 2008.

- *Wystawa futurystów, kubistów i ekspresjonistów,* Towarzystwo Przyjaciół Sztuk Pięknych we Lwowie, Czerwiec-Lipiec 1913.
- *Wystawy Grafiki Polskiej i Ekspresjonistów Polskich,* Lwow, kwiecień – maj 1918.
- *Zapisy Przemian. Sztuka Polska z kolekcji Krzystofa Musiala,* Muzeum Narodowe w Wrocławiu, Wrocław, 2008.
- *Zbigniew Pronaszko,* Kolekcja Muzeum Narodowego w Krakowie, Kraków, 2008.